Die Landi
Vor 50 Jahren in Zürich

Die Landi
Vor 50 Jahren in Zürich

Erinnerungen – Dokumente – Betrachtungen

Rothenhäusler Verlag Stäfa

Die Herausgabe dieses Jubiläumsbuches wurde dank grosszügigen Beiträgen der Stadt und des Kantons Zürich ermöglicht.

© 1989 Rothenhäusler Verlag, 8712 Stäfa ZH
Herausgeber: Kenneth Angst/Alfred Cattani
Gestaltung: Ulrich Schenker SWB ASG
Druck: NZZ Fretz AG, Zürich
Einband: Buchbinderei Burkhardt AG, Mönchaltorf ZH
ISBN 3-907960-25-4
Printed in Switzerland

Inhalt

Hedy Lang/Thomas Wagner   Zum Geleit   6
Alfred Cattani   Im Schatten des Weltkrieges   8

Erinnerungen
Armin Meili   Ich will das schläfrige Schweizervolk wecken   12
Hans Fischli   «Ihretwegen hätte der Weltkrieg eine einige Schweiz getroffen»   15
Barbara Schnyder-Seidel   Im Zentrum der Organisation   18
Elsie Attenhofer   Ein Appell an uns alle   20
Georg Thürer   Von Kriegsgefahr umlauerte Stätte der Einkehr   23
Hans Schumacher   Damals an der Landi   26
Kasimir Nussbaumer   Wir wollen frei sein, wie die Väter waren   29
Emil Landolt   Momente der gemeinsamen Besinnung   30
Hans Rudolf Schmid   Wehrwille   33
Hans Brandenberger   Griff zum Waffenrock   34
Hans Erni   Auftrag für ein monumentales Wandbild   37
Trudi Gerster   Als Märchenfee im Kinderparadies   40

Foto- und Textdokumente   43

Betrachtungen
Josef Gisler   Vorgeschichte und Leitidee   100
Sigmund Widmer   Prägende Persönlichkeiten   104
Peter Stadler   Jugenderinnerung eines Historikers   108
Georg Kreis   Zwischen Tradition und Moderne   113
Urs Altermatt   Réduitgeist – Zeitgeist – Schweizergeist   117
Peter Wegelin   Landigeist?   121
Emil Egli   Leuchtturm auf umbrandeter Insel   125
Albert Hauser   Das Dörfli – Symbol einer bedrohten Heimat   129
Isabelle Meier   Das Bild der Frau: bescheiden, helfend, verständnisvoll   132
Peter Gilg   Die Arbeiterschaft: Zusammenschluss mit Vorbehalten   136
Georges-André Chevallaz   Les Romands et la Landi   140
Edmund Richner   Zürich im Glanze der Landi   142
Hanno Helbling   Hinterher   146
Kenneth Angst   Nachwort   151
Literatur   153
Autoren   154
Quellennachweis   156

Zum Geleit

Am 6. Mai 1989 sind 50 Jahre verflossen, seitdem die Schweizerische Landesausstellung 1939 in Zürich ihre Pforten geöffnet hat. Dieses Ereignis hat sich im Bewusstsein der damaligen Generationen in ganz ungewöhnlichem Masse eingeprägt. Die Landesausstellung erschien in den unmittelbar folgenden, schrecklichen Jahren des Krieges wie ein helles Licht, welches die Düsternis überstrahlte und dem schwer belasteten Volk Halt gab und Richtung wies. Wie tief dieser Eindruck war, beweist das Erscheinen des vorliegenden Buches.

Die Landesausstellung 1939 war das Ergebnis und der Ausdruck aller positiven Bemühungen, welche bei uns die Zwischenkriegszeit 1918–1939 gezeichnet haben. Sie hob die Konstanten unserer Geschichte hervor, wie sie sich damals darstellten: Menschenwürde, Föderalismus, Gemeindeautonomie, Toleranz, Gleichberechtigung von Sprachen, Landesteilen und Glauben an die Zukunft unseres Volkes. Mit den Problemen, welche die Nachkriegszeit und die Gegenwart an uns gestellt haben: Gleichberechtigung der Geschlechter, der Generationen, Schutz vor globalen Katastrophen wegen der Gefährdung der Umwelt und einer ins Unermessliche gestiegenen Vernichtungskraft militärischer Mittel, wirtschaftliche Probleme auf globaler Ebene usw., befasste sie sich dagegen erst am Rande. Aus damaliger Sicht hat sie aber offenbar das Maximum dessen geleistet, was zugunsten einer offenen, humanen Gesellschaftsordnung möglich und einer allgemeinen Akzeptanz fähig war. Dies reichte aus, um den Widerstandswillen gegen die finstern Mächte der damaligen Zeit nachhaltig zu stärken. In welchem Masse diese Geisteshaltung oder andere, unberechenbare Mächte bewirkten, dass die Schweiz vom Kriegsschrecken verschont blieb, wird sich kaum je begründen lassen.

Die 50jährige Wiederkehr der Landesausstellung 1939 zwingt uns vielmehr zu grundsätzlichen Überlegungen, die eine erhebliche Gedankenarbeit voraussetzen. Dabei stellen sich etwa folgende Fragen: Inwieweit ist das, was 1939 für verbindlich und vorbildlich galt, für uns heute noch massgebend? Inwieweit ist eine geschichtliche Tradition, auf welche das Jubiläum der Landesausstellung 1939 verweist, für uns noch von Wert und hilfreich? Ist der Stolz und das Vertrauen auf das eigene Land, die damals ins Licht gerückt wurden und notwendig waren, heute noch lebendig und nötig? Sind heute noch internationale Konstellationen denkbar und zu gewärtigen, welche einen Rückgriff auf die eigene, traditionelle Substanz nötig machen? Das ist, da wir uns heute eine akute Kriegsgefährdung kaum mehr denken können, alles fraglich geworden. Unsere besten Leute befassen sich, mehr oder weniger unbewusst, ständig mit diesen Fragen. Klare, jedermann überzeugende Antworten scheinen heute weit weniger greifbar als 1939. Ich hoffe, dass die Erinnerung an die Landesausstellung 1939 und an die davon kaum zu trennende Erinnerung an die Kriegsmobilmachung 1939 uns helfen werden, hier einen Schritt weiterzukommen.

Hedi Lang
Präsidentin des Regierungsrates
des Kantons Zürich

Für einen Rückblick auf die Schweizerische Landesausstellung von 1939 in Zürich, die *Landi,* bietet sich manches Wissenswerte und Interessante an: Namen, Daten, Zahlen, Bauten, Reden, aber auch Stichworte und Leitsätze zu Ziel und Zweck einer solchen nationalen Schau.

Mitten in einer hektischen Vorkriegszeit voll dunkler, aber schon recht spürbarer und drohender Ahnungen prägten sich die Worte «Heimat und Volk auf dem Weg in die Zukunft». Im Vordergrund stand schon zu Beginn die nationale Bewährung. Parolen des wirtschaftlichen Aufschwungs gerieten alsbald – entgegen ursprünglicher Absichten – in den Hintergrund.

Schon in den Eröffnungsansprachen vom 6. Mai 1939 kam denn auch deutlich zum Ausdruck, dass die Landi mehr werden sollte als eine Ausstellung des einheimischen Schaffens und unserer kulturellen Leistungen. Die aktuellen politischen Ereignisse, die «Arglist und Ungunst der Zeit», wie es der damalige Bundesrat Philipp Etter nannte, führten dazu, dass das Hauptaugenmerk von Anfang an auf die nationale Identität, die «eidgenössische Gesinnung» und die «geistige Freiheit» gerichtet wurde. Der Geist des entschlossenen Zusammenrückens breitete sich aus. Der Landesausstellung letzter und tiefster Sinn sollte auch ein freudiges, lebendiges Bekenntnis zum Land und zum eidgenössischen Kultur- und Staatsgedanken sein. Stadtpräsident Emil Klöti sprach von einer «wichtigen nationalen Aufgabe», die nur erreichbar sei, «wenn die Ausstellung vom Geist eidgenössischer Solidarität durchdrungen ist und auf das ganze Schweizervolk einwirken kann».

Als Angehöriger einer Generation, welche die Landi 1939 nicht selbst miterleben konnte, jedoch vieles aus den Erzählungen der Eltern vermittelt erhielt, hat mich immer wieder beeindruckt, welch einmalige, symbolhafte Bedeutung die zunächst als nationale Schau angelegte Landesausstellung 1939 angesichts der historischen weltpolitischen Entwicklungen schliesslich zu erlangen vermochte und welch nachhaltige Wirkung die Landi bei denjenigen, die dabei waren, hinterlassen hat.

Bis heute blieb die Ausstellung in bester Erinnerung: *Landi –* eine nicht nur liebevolle, sondern auch selbstbewusste Bezeichnung einer nationalen Ausstellung, in welcher sich Treue und Vertrauen, eidgenössische Solidarität und Identität, Freiheit und Unabhängigkeit, Frohmut und Selbstbehauptung, Begegnung und auch Spiel zu einem dauerhaften Erlebnis gefunden haben: ein Auftrag, der auch fünfzig Jahre danach nichts an Aktualität verloren hat. So möge dieser Erinnerungsband zur Landi nicht nur ein Vermächtnis, sondern auch eine Verpflichtung für die Gestaltung unserer Zukunft sein.

Zürich, Frühjahr 1989

Thomas Wagner
Stadtpräsident

Im Schatten des Weltkrieges

Von Alfred Cattani

Über der Landesausstellung von 1939 lag, wie schon über jener von 1914, der *Schatten eines Weltkrieges*. Zwar stand 1939 der Jahresbeginn noch unter dem Eindruck der vermeintlichen Entspannung, die das Münchner Abkommen scheinbar gebracht hatte. Aber die Zweifel waren gewachsen. Längst glaubte niemand mehr daran, dass im September 1938 wirklich «Peace for our time» geschlossen worden sei. Die Zertrümmerung der Tschechoslowakei im März 1939 liess dann auch die letzten Illusionen verfliegen. Hitler hatte mit seinem Einmarsch in Prag den Rubikon überschritten. Zum erstenmal tönten dem angriffswütigen, alle Verträge und Versprechen missachtenden deutschen Diktator aus London und Paris entschlossene Stimmen entgegen. Endlich formierten sich die beiden Westmächte zu einer Verteidigungsallianz, um den Sturmlauf des Aggressors zu stoppen.

Zwielicht eines sterbenden Friedens

Noch aber war nach der Krise des März Europa eine sechsmonatige Atempause vergönnt. Es war eine Zeit des *Zwielichts zwischen Krieg und Frieden*, des Schwankens zwischen Hoffnung und Resignation, in der am *6. Mai* in Zürich die Landi eröffnet wurde. Mit Furcht starrte die Schweiz in jenen Tagen auf den unberechenbaren Nachbarn im Norden. Wenn aus Reichstag oder Berliner Sportpalast die grollende Stimme des «Führers» ertönte und über das Radio in die Welt hinausgetragen wurde, waren die Strassen der Städte auch in unserem Lande leergefegt wie Jahrzehnte später bei der Ausstrahlung der ersten Fernsehkrimis. Wer würde das nächste Opfer sein? Unmittelbar nach dem Überfall auf die Tschechoslowakei hatte der Bundesrat unmissverständlich erklären lassen, dass er nicht ins Ausland zu wallfahren gedenke und dass jedem, der es wage, die schweizerische Unabhängigkeit und Neutralität anzutasten, der Krieg warte. Gleichzeitig liefen die Verteidigungsanstrengungen auf Hochtouren. Die militärischen Dienstzeiten wurden verlängert, Hilfsdienste geschaffen, Luftschutzmassnahmen vorbereitet. Schon im Mai gab es Pläne, in der Stadt Zürich eine Zentralstelle für Kriegswirtschaft zu errichten; wenig später erhielt das Gesundheitsamt die Ermächtigung, mit Grossfirmen Verträge über das Anlegen von Notvorräten abzuschliessen. Gerüchte jagten sich: Ein Angriff auf die Schweiz sei geplant, in Vorarlberg stehe eine deutsche Armee von über einer halben Million Mann zum Einmarsch bereit und ähnliches.

Neben der äusseren Bedrohung stand die *innere*. Im Dezember 1938 war vom Bundesrat eine Verordnung zum *Schutz der Demokratie* ergangen. Die politischen Extremisten wurden schärfer überwacht, die Freiheitsrechte eingeschränkt. Der Zürcher Stadtrat untersagte im Herbst 1938 den Kommunisten Feiern zur Oktoberrevolution. Flugblätter nationalsozialistischer Splittergruppen wurden beschlagnahmt; einige Nazis erhielten von dem in Zürich tagenden Bundesstrafgericht wegen Spitzeltätigkeit Freiheitsstrafen. Gelegentlich grenzte die ängstliche Vorsicht mancher Amtsstellen an Kleinmut. Der Regierungsrat verbot eine Versammlung jüdischer Organisationen, die gegen das die

Einwanderung nach Palästina einschränkende britische Weissbuch protestieren wollten. Und die Kirchensynode empfahl den Pfarrern, sie sollten ihre Predigten freihalten von der Vermischung mit politischen Anschauungen ...

In dieser Stunde der Bedrängnis wurde die Landi fast zwangsläufig zur *nationalen Begegnungsstätte*. Sie hob den Menschen aus der Banalität und der Routine des Alltags heraus. Denn trotz der wachsenden Spannungen verlief das tägliche Leben noch vielfach in gewohnten Bahnen. In Zürich tobte im März 1939 ein heftiger Wahlkampf, bei dem es darum ging, ob die Sozialdemokraten mit drei oder nur noch zwei Mann in dem siebenköpfigen Regierungsrat vertreten sein sollten. Und im Mai ereiferten sich die puritanischen Zürcher darüber, dass die Pariser Folies Bergères im Corso auftraten. Die Wogen der Erregung glätteten sich erst, als die Fremdenpolizei in einem salomonischen Urteil eine Verlängerung der – verständlicherweise – meist ausverkauften Show untersagte.

Das offizielle Zürich aber hatte sich inzwischen zum Feiern herausgeputzt. Zahlreiche öffentliche und private Gebäude waren umgebaut oder renoviert worden, so das Zunfthaus zur Schneidern oder das Hotel Storchen. Das *Bellevue* hatte 1937/38 ein modernes Gesicht erhalten, mit der neuen Wartehalle im Zentrum, vom Volksmund ironisch «Klötianum» getauft. Kurz vor der Eröffnung der Landi konnten auch die *verbreiterte Quaibrücke* und das *neue Kongresshaus* eingeweiht werden. Die festliche Kulisse war damit geschaffen.

Massenmagnet für sechs Monate

In diesem gefühlsträchtigen Umfeld wuchs die Ausstellung vom ersten Tag an über eine gewöhnliche Leistungsschau hinaus und entrückte in andere Sphären. Für sechs Monate, vom Mai bis Oktober 1939, wurde sie zu einem *Kraftzentrum,* das die Massen anzog. Drei oder vier Millionen Besucher waren erwartet worden, über zehn Millionen kamen. Für sie wurde die Landi zum unvergesslichen Erlebnis. Das *Herumreisen* war damals noch keine Selbstverständlichkeit. Viele, in Dörfern aufgewachsene Menschen sahen zum erstenmal eine Stadt wie Zürich und erlebten hier die Schweiz als grössere Heimat. Im *Dörfli* der Landi wurde den Städtern Leben und Los der Bauernschaft nähergebracht. Am *linken Seeufer* profilierte sich die moderne Schweiz mit Industrie und Tourismus. Der *Höhenweg* mahnte zur Besinnung auf die nationale Zusammengehörigkeit über die Schranken von Sprachen, Konfessionen und regionalen Eigenarten hinweg. Die *Kantonaltage* wurden zu Selbstdarstellungen des schweizerischen Gemeinschaftssinnes.

In der quälenden Agonie des europäischen Friedens bot die Landi eine Art *Kontrastprogramm*. Sie war wie eine *Droge,* die Erleichterung verschaffte, die Zwänge löste und die Zukunftsangst verdrängen half. Zur politischen und nationalen Bedeutung erwuchs die Ausstellung aber erst *nach dem Kriegsausbruch* im September. Gut drei Tage lang blieb sie geschlossen. Dann gingen die Tore wieder auf, und die Menschen strömten herbei in grösseren Scharen als zuvor. Nun waren die schlimmsten Befürchtungen zur Gewissheit geworden. Wieder zerstörte sich Europa selbst in einem mörderischen Krieg, wieder stand die Schweiz eingezwängt zwischen den Millionenheeren der hochgerüsteten Nachbarn. Zu jeder Stunde konnte auch sie in den Strudel des Konflikts gerissen werden. Hunderttausende wurden von einem Tag zum anderen zur Armee aufgeboten, wurden aus ihren Familien und ihrem Beruf herausgerissen und an die Grenze geschickt. Die Landi aber setzte *ein weithin sichtbares, tröstliches Zeichen* – vielleicht war es das letzte Mal, die Schweiz unversehrt im Frieden zu erleben. Der Schlussakt am *29. Oktober* 1939 wurde zu mitternächtlicher Stunde unter dem Fahnenwald auf dem Bürkliplatz zelebriert, fast wie ein Gottesdienst, über dem die Weihe eines feierlichen Pathos lag. Die Glocken aller Kirchen der Stadt läuteten.

In den Augen der Nachwelt
Aus der Perspektive des *Rückblicks* nach fünfzig Jahren mag das alles anders erscheinen. Wir wissen heute mehr, als die Menschen von 1939 wussten. Wiederum blieb der Schweiz das Ärgste erspart. Sie konnte sich und ihre Eigenart erhalten. Ihre Städte wurden nicht zerstört, ihre Bevölkerung nicht deportiert, die Männer nicht zum Krieg in fremden Heeren gezwungen. Es gab keine Hungersnot, nur eine zwar unbequeme, aber doch zu ertragende Verknappung und Rationierung der wichtigsten täglichen Bedarfsgüter. Die Schweiz überstand sogar die vier Jahre der völligen Abschliessung von der Aussenwelt durch die eine, unserem Land und seinen Institutionen keineswegs wohlgesinnte Kriegspartei.
Es ist oft *schwer*, einer nachgeborenen Generation die Gefühle zu vermitteln, die vor fünfzig Jahren die Menschen in unserem Land beseelten, als sie die Landesausstellung besuchten. Manche Jüngere mögen heute nachsichtig über das Leuchten in den Augen jener lächeln, die die Landi noch bewusst erlebt haben. Sie wird denen, die sie sahen und die immer weniger werden, immer mehr bedeuten als jenen, die sie nur aus den verklärenden Worten von Eltern und Grosseltern kennen. Und manchen mag von der Landi bis zum Überdruss erzählt worden sein, so dass sie schliesslich das Wort nicht mehr hören konnten und sie als Quell von gefühlsduseligem Überschwang zu verspotten begannen.
Das wird dem Phänomen Landi *nicht gerecht*. In einer Welt, in der der Existenzkampf härter war als heute, die Krise erst kurz zurücklag, die sozialen Nöte drückten und ein Krieg drohte, war die Ausstellung für viele ein *Richtpunkt*. Die Euphorie, die sie verbreitete, ist aus der Not der Zeit heraus verständlich. Die Furcht war gross. Die Landi aber strahlte *Mut und Hoffnung* aus. Sie vermittelte ein patriotisches Gemeinschaftsgefühl und stärkte das nationale Bewusstsein und den nationalen Stolz. So wurde sie zum Symbol der Selbstbehauptung in dunklen Tagen, und sie blieb es noch über Jahre und Jahrzehnte hinaus.

Erinnerungen

Ich will das schläfrige Schweizervolk wecken

Von Armin Meili

Schon vor meinem Amtsantritt (als Landidirektor am 7. April 1936) mache ich mich mit Impetus an die Arbeit und studiere Ausstellungsberichte aus aller Welt. Ich krame alles Material über die von mir besuchten Ausstellungen zusammen. Die weissen Ostern 1936 stehen für mich unter dem Eindruck von etwas Neuem und Grossem – aber auch eines ungeheuren Wagnisses. Vielleicht werde ich mich zum «Zirkusdirektor» degradieren! Tilli nahm dieses Ereignis, das erst zum Erfolg gemacht werden musste, ebenso ruhig auf, wie sie auch Rückschlägen gelassen begegnete. In Freud und Leid behält sie ihr Glück und Ruhe ausstrahlendes Fluidum. Die Stunden häuslicher Intimität, die die Grundlage äussern Gelingens bilden, sind ein schöner Lohn für saure Wochen.

Mitte April 1936 befinde ich mich schon in einem ungeheuren Rummel. Leute und immer mehr Leute wollen bei der kommenden Landesausstellung angestellt werden. Viele unter ihnen haben ihre Existenz verloren, sei es infolge Unglücks oder Selbstverschuldens. Erstmals werde ich vor die Wahl gestellt, über das Schicksal von Mitmenschen zu entscheiden. Es fällt mir schwer, nein zu sagen, wenn es um den Brotkorb geht. Aber auch das musste ich lernen, da die Landesausstellung schliesslich nicht zum Wohltätigkeitsinstitut werden durfte.

Auch «wohlmeinende» Fachleute beglücken mich mit Ratschlägen. Einer empfahl mir, die LA ausschliesslich nach Erfordernissen der Wirtschaft aufzuziehen. Aber gerade das möchte ich *nicht*. In einer arglistigen Zeit will ich *das schläfrige Schweizervolk wecken* und mit dem guten Beispiel gegen den schlechten Geschmack einen Kreuzzug antreten. Ich kann keinen Stabschef à la Ludendorff brauchen, denn ich will das *Kommando* haben. Ich will der *Schöpfer* bleiben und nicht nachher als «Onkel» beiseite geschoben werden.

Anfänglich war das Interesse an der Landesausstellung, namentlich bei der Industrie, sehr schwach. Ich tat mein Möglichstes und konnte einstweilen ein paar «Grosse» gewinnen. Die Worte eines honigsüssen Kunstdüngerfabrikanten, der persönlich seinen Angestellten das Evangelium verkündet, illustrierten die Stimmung: «Sie sind mir mit Ihrer Landesausstellung ein wahrer Greuel...»

Ich schlage *Hans Hofmann,* der schon längst für die Ausstellung am See geworben hatte, als Chefarchitekten vor. Er hat die schweizerischen Pavillons an verschiedenen ausländischen Ausstellungen gebaut. In der Frage des Kongresshauses durchhieb ich den gordischen Knoten mit einem Projektvorschlag ohne Verwendung der Türlerwiese, deren Kauf drei Millionen gekostet hätte: Abbruch des Tonhallepavillons, an dessen Stelle ein grosses Foyer vorgelagert wird, nebst einem auf der Westseite angebauten Kongressaal. Mein Vorschlag stiess beim Stadtrat und bei den Architekten auf einstimmigen Beifall. Einer der führenden Architekten in Zürich bezeichnete ihn als «überzeugend und bestechend». Er wird dem Wettbewerbsprogramm zugrunde gelegt. Bau, Inhalt und Gestaltung der Landesausstellung stelle ich auf die Architekten ab. Schon früher hatte ich eine provisorische Wahl von dreissig Architekten getroffen. Ihnen übertrug ich den Auftrag, anstelle der üblichen Kommissäre selber mit den Ausstellern zu verhandeln und deren Absichten zu ergründen und zu beeinflussen.

Das Erlebnis von Zürich, dem Ziel meiner Wünsche, ist für mich gross. Wenn auch meine Altvordern den Junkern dieser Stadtrepublik nichts zu verdanken hatten, macht mir diese ausserordentliche Stadt einen bedeutenden Eindruck. Zürich ist nicht nur eine europäische Grossstadt, es ist eine kleine Weltstadt. Ein Finanzmann erklärte mir einst, dass die Zürcher Banken imstande wären, den Dollarkurs zu stören. Abgesehen von der finanziellen Grossmacht Zürichs mit den weltweiten Beziehungen seiner Banken, Versicherungen und Rückversicherungen, mit seinem Handel und seiner Industrie, birgt diese Stadt kulturelle Schätze. Die Leistungen und Ausstrahlungen meiner Vaterstadt hat Denker aus allen Ländern angezogen. Die schöpferische Prosa Zürichs war mein erster Eindruck, als ich mich als reifer Mann hier ansiedelte. Ein Freund warnte mich, nachdem ich das Amt eines Direktors der LA angetreten hatte, vor Unsachlichkeit und unpräziser Ausdrucksweise in Zürich. Ich hielt mich an diesen Ratschlag und lernte noch viel dazu. Die nichts ernst nehmende, legere Rede vertauschte ich mit dem «tierischen Ernst» der Zwingli-Stadt.

März 1938: Heute, am 12. März, sind die Deutschen, mitten im Frieden, ohne dass ein Schuss seitens der österreichischen Bundeswehr gefallen wäre, in ein von Westmächten und auch von Italien garantiertes unabhängiges Land einmarschiert. Dieses furchtbare Ereignis bedeutete für unser Vaterland nichts Gutes. Unser geschichtlicher Werdegang seit der tatsächlichen Loslösung vom Deutschen Reich nach dem Schwabenkrieg schuf hierzulande eine besonders gespannte Einstellung zum nördlichen Nachbarn, den wir als Bedroher unserer Unabhängigkeit erkannten. Bei uns fehlte es allerdings in weiten Kreisen nicht an Bewunderern des neuen Reiches. Der *Frontenfrühling* beunruhigte darum die Eidgenossen. Ich selber empfand, wie sehr uns ein Propagandaministerium fehlte. Wir hätten eine derartige Stelle bitter nötig. Mit der kommenden Landesausstellung beabsichtigte ich, diesen Mangel *wettzumachen*. Sie soll die Mutigen stärken und die Zweifler eines Bessern belehren! Tag und Nacht bemühe ich mich um das Programm einer kräftig wirkenden Abteilung *Volk und Heimat*. Aus einer Art Einführung zur schweizerischen Leistungsschau soll das Kernstück der Landesausstellung erwachsen. Die Zeitspanne ist allerdings kurz bemessen. Den Ausstellungsbehörden unterbreitete ich einen detaillierten Programmentwurf für das Thema: *Vaterländisches Ethos*. Er ist als bindende Wegleitung für die architektonische und graphische Gestaltung gedacht. Meinen Erläuterungen stimmte das Organisationskomitee zu. Ich habe nun freie Bahn für die Ausführung dieses Werkes. Mit meiner Ausstellung hoffe ich dieses schlafende Volk zu wecken. Lässt sich so etwas in der kurzen Zeit, die uns verbleibt, verwirklichen?

1939: An die Gewerkschaften machte ich mich heran, um zu erwirken, dass am 1. Mai wenigstens halbtagsweise an der LA gearbeitet werde. Auch das ist mir gelungen. Die Unterhandlungen, die ich mit ihnen führte, gehören zu den erfreulichsten. Die Arbeiterschaft war ehrlich am Gelingen der Landi, die ich das «Fest der Arbeit» nannte, interessiert. Ich gedenke hier mit Dankbarkeit der grossen Hilfe und des guten Willens, die mir auch aus diesen Kreisen, unter denen ich Freunde gewann, entgegengebracht wurden.

Am 6. Mai 1939 wird die Landi festlich eröffnet. Ein wahrhaft grossartiger Festzug in hellem Sonnenschein durchzieht die Bahnhofstrasse. Bundesrat und Generalität werden umjubelt wie noch nie in der Schweizergeschichte. Im Kongresshaus hält Bundespräsident Etter eine wunderschöne Rede. Zu meinem Erstaunen dankt er dem Direktor mit bewegten Worten. Diese Anerkennung vom ersten Magistraten des Landes freut mich nach all den Schwierigkeiten der letzten Monate. Nach dem Bankett empfange ich am Tore der Landi, wie die Ausstellung im Volksmund heisst, den Bundespräsidenten mit einer etwas gepressten Rede. Das weisse Seidenband wird zerschnitten, die Landi ist eröffnet.

Ich empfing an der Landi eine Menge offizieller Gäste aus dem In- und Ausland, darunter einen jungen Oberbürgermeister von Köln, der unseren Höhenweg zweimal sehen wollte und mir zu meiner Verblüffung zuflüsterte: «Das haben Sie besser gemacht, als wir das je mit unserer Parteipropaganda tun könnten.»

Die LA scheint die von mir beabsichtigte Aufgabe zu erfüllen: Die *Festigung der helvetischen Moral*. Das Eigenartige ist, dass jede Kritik verstummte. Mein Verdienst an der LA wird anerkannt, viel Sympathie wird mir zuteil, so viel, wie ich sie noch nie auch nur annähernd erfuhr.

Die Kantonaltage waren begeisternd. Das Schweizervolk «funktionierte» nie besser, als wenn es in Lebensgefahr ist. Das merkt man in seiner Flucht in einen *tatbereiten Patriotismus,* der sich an der Landi auch kulturell im schönsten Lichte zeigte. Ich habe von Herzen darüber im *Erinnerungswerk* der LA geschrieben. Ich war gerührt, wie die Urner und vor allem die Glarner mich mit enormen Alpenrosen- und Edelweisssträussen beglückten. Ich legte sie aufs Grab meiner Eltern.

Oktober 1939: Um Mitternacht läuten alle Glocken Zürichs die vaterländische Kundgebung aus. Als letzter im Reigen der Redner dankte ich den vielen Tausenden, die selbstlos dieses Werk geschaffen hatten. Für mich endete ein kurzer, aber bedeutungsvoller Lebensabschnitt. Mit Wehmut schaute ich noch einmal auf meine sommerliche Stadt am See, und der schon seit zwei Monaten dauernde Krieg erfüllte mich mit tiefer Sorge. Ich erinnere mich, dass ich selber das Werk, dem ich vorstehen durfte, entstehen, wachsen und zur Vollendung gelangen sah. Während weniger Tage war es schliesslich seinem Direktor vergönnt, als Besucher das Kollektivwerk zu geniessen. Meine letzten Wanderungen durch die ephemere Märchenstadt am See erfüllten mich erst recht mit Gefühlen der Dankbarkeit für alle, die dieses Wunder schweizerischer Zusammenarbeit geschaffen hatten.

Architekten, Bildhauer, Maler, Graphiker, Kunstgewerbler und Werktätige aller Gattung vollbrachten eine Leistung voll von unzähligen Erfindungen und Einfällen. Es gibt kaum eine Bauaufgabe, die dem Bildner so viel Freiheit schenkt, seine Phantasie austoben zu lassen, wie eine zeitlich befristete Ausstellung, deren Pavillons keinen Winter überdauern müssen.

Auch den Tausenden von Ausstellern schulden wir unerhört viel. Sie bequemten sich, einer ungewohnten Ausstellungsart, «thematisch» genannt, zu gehorchen.

Sie verzichteten auf die ebenso verständlichen wie berechtigten Ansprüche ihrer geschäftlichen Persönlichkeit.

Neben der künstlerischen Grossleistung eines eher zum Kleinlichen neigenden Volkes beeindruckte mich ebensosehr die freiwillige Disziplin in unserer wirtschaftlichen, wissenschaftlichen und sozialen Kraftentfaltung. Ich hoffe, dass dieser helvetische Geist andauern und unserer Demokratie das künftige Gepräge verleihen wird.

Aus: Armin Meili, «Lorbeeren und harte Nüsse», Artemis Verlag, Zürich/Stuttgart, 1968, Seiten 119–165.

«Ihretwegen hätte der Weltkrieg eine einige Schweiz getroffen»

Von Hans Fischli

Die Landi zu beschreiben wäre Nachgesang vieler Erinnerungswerke. In den Himmel gelobt, fast heilig gesprochen. Ihretwegen hätte der Weltkrieg eine einige Schweiz getroffen...

Die Aussteller, vom Landwirt bis zum Wissenschafter, waren nach Anfangsschwierigkeiten einverstanden, sich der Thematik des Programms einzuordnen. Die Pioniere der Werbung hatten unter dem Namen *Reklameberater* ihre Arbeit begonnen. Die thematische Gliederung in Sachgebiete verlangte Einordnen statt Hervorheben. Meili gelang es, die anfängliche Gegnerschaft in das Gegenteil zu verwandeln, die guten Köpfe als Freunde zu gewinnen.

«In den Hallen haben die lieben Leute so viel zu sehen, dass wir gut daran tun, den Fortschritt in Sachen Kunst und Architektur für uns zu behalten», lachte *Hans Hofmann* (Chefarchitekt) über meinem Brett voller Entwürfe neuer Konstruktionsvorschläge. Vielfältig müsse unsere Ausstellung werden, ein würdiger Rahmen für ein Volksfest; wegen des Festspiels, der Weinstuben, des fröhlichen Rummels kämen sowohl die Leute vom Land wie die Städter.

Die thematische Gliederung verlangte Leserichtung, Einbahnwege; die Situationspläne mussten die Richtung erzwingen. Die Abteilung I, *Heimat und Volk*, war als Leitgruppe gedacht. Vergangenheit, Gegenwart und Zukunft unseres Landes. Hier sollte das Fundament von allem von allen gesehen werden.

Die Arbeitsgemeinschaft der Landiarchitekten, von Gemässigten bis zu Avantgardisten, setzte sich aus 28 Mitgliedern zusammen. Bei der Auftragserteilung war die Skala der Themen den Begabungen anzupassen. Als unsere Situationspläne beieinander waren – vorhandene Bäume ein unantastbares Heiligtum –, erhielt jeder seinen Bauplatz zugeteilt, das Revier, in dem er sich entfalten konnte. In zahllosen Versammlungen und Tagungen der Kommissionen schälten sich, mit Anregungen Hofmanns und Meilis, die Detailprogramme heraus, die den Architekten als Richtlinien ihrer Projekte dienten. Konkurrenten waren gezwungen, sich an einen Tisch zu setzen, die Wünsche unter einen Hut zu bringen, die Kosten aus gemeinsamer Kasse zu decken.

Der Chef als Baukünstler vertiefte sich immer mehr in den wichtigen *Höhenweg*. Ich als Adjunkt entlastete ihn vom Administrativen und von den Alltagssorgen, pünktlich, fast pedantisch. Terminkalender, Korrespondenzen, Budgetzahlen. Nach zweiwöchiger Studienreise setzte Hofmann seine Erfahrungen vom Bauplatz der Weltausstellung Paris 1937 in Richtlinien um, die den demontablen Hallen in Holzkonstruktionen dienten.

Er besorgte die Koordination des *Schifflibaches,* der am linken Ufer durch Park und Hallen lief. Besuchte die Grafiker an der Arbeit, entdeckte Lücken oder sah, was nicht recht laufen wollte, und gab sich Mühe, ihnen Kollege statt Korrektor zu sein. Die Landischrift, der Fahnenschmuck, die Schmuckbeleuchtung, die Skulpturen in den Gartenanlagen, die Sitzgelegenheiten, der *Landistuhl,* die Wegweiser und Hallenanschriften, die Kioske und Standorte der fliegenden Händler liefen Tag und Nacht durch seine Finger. Gemessen am Direktor und Chef – vom Bauleiter und Bauführer abgesehen – ein *Untergeneral,* jung und federnd bis zur letzten Stunde der Eröffnung.

Weitaus der Jüngste, hatte ich mit allen Architekten einen guten Kontakt; war Hofmann unerreichbar, war jeder froh um meine Präsenz. Die Gemüter der Aussteller, die Spannungen der Gestalter hatten sich beruhigt, und alle arbeiteten eifrig in den zugeteilten Sektoren.

Für die zuständige Abteilung *Zubereiten und Essen* hatten wir ein jahrmarktähnliches Geviert vorgesehen; alles andere war unter Dach, hier blieb eine weisse Stelle. Das *Vergnügungspalais,* halb Dancing, halb Budenstadt, füllte die Lücke.

Ich taufte die vorgesehene Kinderaufbewahrungsstätte *Kinderparadies* und durfte es programmieren, entwerfen und bauen. Die Beibehaltung des eigenen kleinen Büros mit Lehrling und einem Angestellten bewährte sich; später wurde mir auch *Le palais d'attraction* übertragen. Das *Palais* wurde zu einer frischen Bereicherung am Enge-Ufer. Vor sich der *Bierschopf* in gebeiztem, gebranntem Holz, daneben die nüchterne Wirtschaft des alkoholfreien Frauenvereins, dahinter Degustierstände. Meine Fassade war *sexy;* aus einem umbrafarbigen Riesenquadrat guckten bullaugenähnliche Fenster, die kreisrunden Trichter in grellen Primärfarben. Die Impulse der hellblauen Leuchtschrift halfen mit, die Gäste für eine Freinacht anzulocken. Die Manege, zugleich als Tanzfläche. Ringartig darum herum eine Balkongalerie, exzentrische Kreise für die Parkettstufen. Eine dreifach geschwungene Bar. Im Spielsaal darüber verzauberten zwei Spiegelwände vergrössernd den mondän ausstaffierten Raum ins Vierfache. Auf der Manege galoppiert ein Kunstreiter; eine schwarze Schönheit singt Jazz, ein Zauberer zeigt Verrücktes, ein Komiker von Spitzenklasse, Balletteusen mit Wunderbeinen, zu einer Band vereinigt, die später die Welt bereist. Im Dachgewölbe, schräg angeschnittener Kegelstumpf, ein Schiebedach mit Blick zum Sternenhimmel.

Trudi, die *Märlifee*, ist meine Entdeckung; sie sprach einen so goldigen, hellen St. Galler Dialekt, dass ich sie, nachdem sie mir im Büro probeweise vom «Wolf und den sieben Geisslein» erzählte, vom Platz weg engagierte. Ein goldenes Krönlein auf blondem Haar, blaue Augen und rötliche Wangen; unter einem weissen Spitzenkleid gucken die Zehen aus goldenen Sandalen. Ein Bild für . . . Kinder. Andacht herrscht in ihrer Kapelle; wenn sie fertig erzählt hat, hält sie den Zeigefinger an die Lippen und sagt: «Psst, losed Chinde, ghöret er d Schtilli?» Dann zirpt eine Libelle, der Frosch schnauft ein paar Luftbläschen aus dem Wasser hinauf; wenn sie platzen, bildet sich Ringlein um Ringlein.

Am 6. Mai 1939, 9.55 Uhr, entstieg der Adjunkt dem Taxi, das ihn zwei Stunden zuvor vom Tatort nach Meilen und, nach der Reinigungs- und Kostümzeremonie, wieder zurückgeholt hatte. Die Leute säumten in Reihen die Strasse; genau gegenüber dem Nordportal des Hauptbahnhofes machten sie erstaunt einem jungen Herrn mit gestreiften Hosen, Frack mit langen Stössen und Zylinder Platz. Hinter den ganz hohen Herren stand Hofmann, rechts von ihm Oetiker, der betagte Chefbauleiter; jetzt bildete der Adjunkt den linken Flügelsmann, beide staunten über sein Auftauchen und grüssten kurz. Erst vorgestern hatte Meili befohlen, dass er – und wo eingereiht – mitzupromenieren hätte. Jetzt begann vorn die Stadtharmonie zu spielen, der Eröffnungsumzug setzte sich in Marsch. Sein Puls schlug im Takt, sein Ausdruck war eher ernst als würdig. Sein Gesicht lief rot an, verlegen befreite er sich eines grauen Wildlederhandschuhs, um sich mit weissem Nastuch die Perlen auf seiner Stirne zu trocknen. Den Zylinder hatte er samt dem übrigen Wichs im letzten Moment telefonisch bestellt. Die Hutnummer seines weichen Filzes stimmte mit der harten Röhre nicht überein, beim Drehpunkt des Kontermarsches brauchte er beide Hände, um Luft unter die Büchse zu bringen.

Die Eröffnungszeremonie war fulminant. Hofmann feierte Triumphe und schied ins Privatleben zurück. Meili, der grosse Sieger, behielt den Chefarchitekt-Adjunkten für die Ausstellungsdauer halbzeit im Amt, die andere Hälfte als Leiter im *Paradies* als *Ästhetikbehüter*.

Aus: Hans Fischli, Rapport. Seite 146 ff.
Orell Füssli Verlag, Zürich 1978; Auslieferung: Daimon Verlag, Einsiedeln.

Im Zentrum der Organisation

Von Barbara Schnyder-Seidel

Überall reden und schreiben sie von der *Landi;* das begann damals und war nicht im Sinn des Direktors Armin Meili. Er schrieb und sprach nur von der *LA,* sprich El-A. Landi war Verniedlichung und klang nach Schützenwiese.

Aber der Volksmund war stärker, landauf, landab wurde es die Landi, eine zärtliche Besitznahme. Wurde je ein verächtliches «Landi» gehört?

Meilis Bild von der LA war «Kleines Volk schafft grosse Werke». Wäre der Satz heute möglich? Kleines Volk? Grosse Werke? Damals klang das echt.

Rückblickend eine perfekte Regie: die Wahl des Direktors und des ihm vorgesetzten Präsidenten des Organisationskomitees (OK), mithin des Arbeitsausschusses (AA). Allein schon der Entschluss der Behörde ist erstaunlich: nicht einen bedächtigen Mann mit Qualitäten eines vorbildlichen Schweizers als Direktor einzusetzen, sondern Armin Meili, den auch in Zürich bekannten Architekten und Artillerieoberst aus Luzern, aus vielen Elementen gefügter Mann, *homo universalis* mit den Allüren eines Grandseigneurs: Im königsblauen offenen Amerikaner-Cabriolet fuhr er mit General-Suter-Hut und hellen Wildlederhandschuhen am Walcheturm vor oder hinaus aufs Baugelände – Ästhet, Bohemien und auch Haudegen.

Dass Regierungsrat *Hans Streuli* Präsident des OK wurde, ergab sich durch Zufall; zuvor war es Regierungsrat Dr. Rudolf Streuli, der dann zurücktrat, worauf sein Namensvetter nachrückte; Architekt und höherer Offizier auch er, Finanzdirektor des Kantons Zürich, später Bundesrat, ein präziser Rechner, dem nichts entging, weder im Budget noch auf dem Bauplatz, der überall auftauchte, wo es nicht klappte, lästige Fragen stellte. Das Ergebnis aber war ein grosszügiges künstlerisches Werk, bei dem die Termine stimmten, auch die Abrechnungen. Ob der Direktor ein guter Organisator war? Er wusste Arbeiten zu delegieren, seine Ideen zur Ausführung zu geben; er fragte nicht nach dem Wie, anerkannte das Resultat und liess es unter seinem Namen ziehen – was jene erbitterte, deren Arbeit eigenschöpferisches Werk war.

Die Büros waren im 7., 8. und 9. Stockwerk des damals neuen Walcheturms, die Angestellten durchwegs jung. Die Stenotypistinnen und Sekretärinnen («subalternes Personal») waren eine muntere, hübsche Schar, Kleider und Frisuren nach der Mode; mit einem Durchschnittslohn von monatlich 225 bis 250 Franken; ich erhielt zum Ende hin, mit 500 Franken, vermutlich ein Spitzengehalt für Frauen (ein Ei kostete 6 bis 8 Rappen, eine Tramfahrt 20 Rappen, mein Zimmer mit Bad, Kochnische im Appartementhaus 130 Franken).

Wie ich dazu kam? Anfang 1938, aus dem Ausland zurückgekehrt, wäre ich gern, um dabei zu sein, wo Grosses entsteht, bei der LA zu deren Pressestelle gekommen, doch hatte Dr. Hans Rudolf Schmid seine Equipe bereits komplett; also kam ich zu Direktionssekretär Dr. Oskar Haegi, zugleich auch Chef des Lotteriewesens.

An einem Freitag im Vorsommer 1938 war Aufregung kurz vor Beginn der AA-Sitzung, der Generalsekretär unabkömmlich, der Direktionssekretär krank; an seiner Stelle wurde dann ich ins Direktionszimmer geschickt, an den runden Tisch mit Blick auf das Landesmuseum, in den Kreis der Mächtigsten, deren Aussagen, Vorschläge, Pläne, Beschlüsse genau zu protokollieren waren. Zu Beginn geriet mir das alles eher verworren; man war aber nachsichtig, sogar der Präsident half. So ging es dann über zwei Jahre, jeden Freitag das AA-Protokoll und zwischendurch die OK-Sitzungen im grossen Sitzungssaal des Regierungsgebäudes. Und endlich kam der strahlende 6. Mai! In den Tagen zuvor war es toll zugegangen im Walcheturm, die Vorbereitungen in allen Abteilungen, bei uns die Sitzordnung zum Bankett; Meili hatte sie völkerverbindend einschliesslich Corps diplomatique entworfen, der Protokollchef in Bern entsetzte sich, alles musste umgestellt werden bis in die frühen Morgenstunden.

Es begann als Fest... und das Festliche blieb bis zum Ende. In meiner eigensinnigen Erinnerung sehe ich alles im herrlichen Sonnenschein; farbige Wimpel, Schiffe auf dem See, frohe Menschen, alle die Menschen; aber es steht zu lesen, dass vielerlei im Freien wegen schlechten Wetters abgesagt werden musste.

Man hat damals schon viel geschrieben über die Landi; gerühmt wurde immer wieder die Einigkeit des Volkes in der Liebe zum Land. Waren wir Nationalisten? Sicher! Wir mussten uns doch abgrenzen gegen die draussen im Reich. Es war aber, so meine ich, nicht Hurrapatriotismus, die Festreden, jaja, und in Pinten und Beizen die eidgenössischen Faustschläge auf den Tisch; es wäre dann aber auch zu reden von all dem zu Herzen Gehenden, vom Gemüt.

Und die *Kantonaltage!* Die «Auswärtigen», die Miteidgenossen, fuhren an Sonntagen in Extrazügen heran und strömten in ihren Trachten an ihre Landi mit Musik, Gesang und Blumen, mit ihren wohleinstudierten Festspielen. In den *Scènes fribourgeoises* dirigierte der legendäre Abbé Bovet seinem Knabenchor seine Lieder; und der Ranz des vaches, nicht kunst-, sondern kraftvoll gesungen – die Festhalle barst fast vor Begeisterung; dann die Kinderstimmchen mit ihrem «Pitié, pitié, Saint Nicolas» – wem da die Augen nicht nass wurden!

Für Empfänge wurde das Muraltengut gemietet, das Palais dicht neben der LA in der Brunau, damals noch Privatbesitz, 1944 von der Stadt Zürich erworben. Der Direktor bezog den südlichen Salon, schon eher ein Saal, mit stilechtem Schreibtisch und Flügeltüren zum Garten hin.

Da ich neben der Arbeit für den AA mehr und mehr für ihn persönlich zu schreiben hatte, erhielt ich, mit einer Hilfskraft, im kleineren Salon weiter drüben meinen Platz. Eine festliche Residenz! Ringsum der Park, an den Wänden Bilder, die nun in der Bodmeriana in Genf hängen, von der LA klang durchs offene Fenster das Glockenspiel herüber.

An jenem *1. September 1939* drehte ich morgens am Radio, es kam Hitlers drohende Stimme: «Seit 5 Uhr 45 wird zurückgeschossen... Und von jetzt an wird Bombe mit Bombe vergolten...» – Habe ich begriffen, was daraus werden würde?

Die Mobilisation wurde verfügt, die LA geschlossen, das Glockenspiel verstummte. Die Mitarbeiter kamen hinaus zum Direktionsrapport ins Muraltengut, einer nach dem anderen verabschiedete sich, merkwürdig, wie sie wussten, was sie zu tun hatten. Als sie alle, auch der Direktor, gegangen waren, erschien der Vizedirektor und Finanzchef E. J. Graf und gab mit schmalen Lippen den Befehl zur Räumung und zur Rückkehr in den Walcheturm; die Direktion sei nun bei ihm.

Nach drei Tagen (am 5. September) wurde die Landi wieder geöffnet. Es kamen erneut die Besucher aus aller Welt, von der Weltausstellung in New York 1939 der Generaldirektor Grover A. Whalen. *Henri Guisan,* seit 30. August General, schritt mit seinem Stab im Oktober durch die Landi zwischen dichten Spalieren von Schulkindern; im blauen Salon des Hotelrestaurants speiste er, im Freien davor drängte sich gross und klein, Zivil und Militär. Immer wieder wollten sie den neuen Oberbefehlshaber ihrer Armee sehen. Und es kamen auch die Truppen, an einem Tag wurden 18 000 Mann verpflegt.

Geblieben ist das Bild eines Abends, spät im Oktober, ich am Rand des Festplatzes; durch das Licht der Lampen fällt Regen, im Geviert die Männer in ihren Uniformen zum Abmarsch bereit, irgendwohin mit der Postadresse «im Feld»; und diese Männer in ihrem Kollektiv schienen mir als Inkarnation meines so innig geliebten Landes; ich sah sie mit weher Zärtlichkeit. Oh, ihr Heutigen, spottet nicht, beneidet uns um diese Liebe und diesen Glauben.

Am 29. Oktober 1939 war die Landi zu Ende. Im Kongresshaussaal gab es ein einfaches Nachtessen, nicht mehr zu vergleichen mit der Eröffnung. Nachts wurde der am 7. Mai feierlich aufgezogene Fahnenwald eingeholt, und alle sangen *Rufst du mein Vaterland;* dann läuteten die Glocken, und wir standen umher wie die Heimatlosen.

Ein Appell an uns alle

Von Elsie Attenhofer

Unvergesslich ist die Landi jenen geblieben, die sie besucht und erlebt haben. Erlebt als eine Art Dokument, als Zusammenfassung alles dessen, was die Schweiz war und was sie zu jener Zeit an Bedeutung und Eigenart zu bieten hatte.

Es war meine Mitwirkung beim inzwischen ebenfalls legendären *Cabaret Cornichon,* die es mit sich brachte, dass ich fast täglich die Landi durchwanderte. Vor allem die am linken Seeufer aufgebaute Ausstellung, die innerhalb des kulturellen Sektors auch einen kleinen Theatersaal unserm Cornichon zur Verfügung stellte. Ähnlich dem damals berühmten «Hirschen-Säli» in der Altstadt Zürichs. Man holte unser literarisch-politisches Cabaret in die Landi, weil es in der Tendenz seiner Programme das vertrat, was man *Geistige Landesverteidigung* nennt. Und weil – unter dem Motto *C'est le ridicule qui tue* – seine Politik eine gewisse Ergänzung dessen war, was die grosszügig an beiden Seeufern aufgebaute Landi unter anderem auch an militärischem Verteidigungswillen zu veranschaulichen suchte. In einer Zeit, wo das gefährliche Wetterleuchten ennet unserer Grenzen nicht zu übersehen war. Vorab der berühmte Höhenweg betonte aufs eindrücklichste den Unabhängigkeitswillen unseres Landes.

Der *Höhenweg.* Ich erinnere mich, dass man fast mit einer gewissen Andacht unter der dichten Beflaggung hindurchschritt, die, einem farbenprächtigen Fahnenwald ähnlich, die Zusammengehörigkeitsgefühle aller

Kantone und Gemeinden symbolisierte. An ihn – den Höhenweg – erinnere ich mich am deutlichsten. Vielleicht weniger an Details als an jene erwähnte andächtige Stimmung, in die man geriet, wenn man ihn durchwanderte. Ich erinnere mich nicht, je laute Stimmen oder gar Gejohle gehört zu haben. Man war ergriffen von der Überfülle des Gebotenen, des mit unerhörtem Fleiss, unerhörter Akribie und Liebe Gesammelten. Man erlebte eine nationale Übersicht, die uns in einem grossartig präsentierten Konzentrat den kulturellen und technischen Stand unseres Landes vor Augen führte. Den ungeahnten Reichtum an geistigen und materiellen Werten.

Was an prägnanten Einzelheiten – abgesehen vom Höhenweg – ist mir ausserdem in Erinnerung geblieben? Neben Gartenanlagen, vielen Beizen und dem Schifflibach vor allem etwas: das aufgehängte Sportflugzeug im Verkehrspavillon! Neben Bahn- und Motorwagen war da eine «Bücker-Jungmann» ausgestellt. Genau das Modell der Maschine, mit der ich in Dübendorf eben im Akrobatiktraining war! Nicht zu beschreiben, mit welchem Stolz ich meinen Freunden erklärte, was mit dem Ding in der Luft alles anzustellen war . . .

Zurück zum Höhenweg. Zum «Achten Schweizer» zum Beispiel, an den ich mich recht gut erinnere. Jeder achte Schweizer, hiess es, heiratet eine Ausländerin. Vor allem Deutsche. Angst vor Überfremdung schon damals? Oder Abwehr alles Deutschen, zum Inbegriff des Bösen Gewordenen?

Klare Erinnerung ist die Darstellung der Rolle der Schweizer Frau ohne Stimm- und Wahlrecht. Mit einem Plakat forderten die Frauen Mitbestimmung und Mitverantwortung im Staat. Kampf gegen die Meinung, dem Wesen der Frau liege nach wie vor näher, sich um Familie, Haus und Herd zu kümmern. Eine Meinung, die – ohne Berücksichtigung der unverheirateten berufstätigen Frau – immer wieder Oberhand gewann bei allen dem Jahr 1971 vorausgehenden Abstimmungen über das Frauenstimmrecht.

Im *Vorhof* ging es um nationale Besinnung. Um den altehrwürdigen Bundesbrief von 1291. Um patriotische Haltung und die politische Eigenart der Schweiz: Keine Regierungsbehörde besteht aus nur *einer* Person.

Dann Hans Brandenbergers Statue *Wehrbereitschaft,* die auf die 650jährige Tradition der Wehrpflicht jedes Schweizer Bürgers hinweist. Dabei die feierliche Erklärung des Bundesrates von 1938: «Das Schweizervolk ist einig im Willen, das Vaterland, koste es, was es wolle, gegen jedermann und bis zum letzten Atemzug zu verteidigen.» Unüberhörbar waren im Vorhof Warnung und Forderung, bereit zu sein in der Abwehr der auf uns zukommenden Bedrohung. Widerstand als Gewissensfrage jedes Einzelnen.

Endlich die *Ehrenhalle!* Bezeichnungen wie Vorhof und Ehrenhalle wären heute – zugegeben – in ihrem Pathos schlicht undenkbar. Damals wurden sie in der erwähnten feierlichen Stimmung betreten. Der Besucher betrachtete mit Stolz die eindrückliche Darstellung der militärischen Rüstung und Ausbildung. Er war tief beeindruckt von den berühmten Namen, die in der Ahnengalerie versammelt waren. Hintergrund nationaler Tüchtigkeit und Genialität. Höchstleistung und Qualität – Markenzeichen, das allein unserm an Bodenschätzen armen Land garantierte, in der Welt bestehen zu können. Sie alle, die Grossen, waren vaterländisch tätig gewesen, jeder mitwirkend auf seine Weise: General Dufour, Niklaus von Flüe, Waldmann, Winkelried, Keller, Gotthelf, Hodler und wie sie alle hiessen. Sogar der Name einer Frau war aufgeführt: Madame de Staël, gebürtige Genferin, deren kritische Schriften Napoleon enervierten...

Wenn der Name Landi 1939 heute bei der jungen Generation – falls sie überhaupt noch etwas davon weiss – alles andere als «Ergriffenheit» auslöst, so ist das nur zu verständlich. Nachdem unser Land verschont geblieben ist – und nach vier Jahrzehnten Frieden –, ist die damals so geliebte Landi in den Ruf «nationalistischer Selbstbeweihräucherung» geraten. Emotionen und Stimmung in der damaligen Situation, kurz vor Ausbruch des Krieges, können denn auch nicht nachvollzogen werden, ohne auch die Ängste und Unsicherheiten zu kennen, die unterschwellig Freude, Jubel und Landibegeisterung wie ein dunkler Schatten begleitet haben. Ohne auch die Ahnung erlebt zu haben: Es kann jeden Tag zu Ende sein. Der Krieg steht vor der Türe und damit die Mobilisation unserer Armee. Jeder Tag kann Trennung heissen von Mann, Frau und Kindern. Warum also freuen wir uns nicht heute, dachte man – lachen wir, solange es noch geht. Après nous le déluge...

Die Landi, der Höhenweg, der unser Land in einer heilen Einzigartigkeit vor uns ausgebreitet hat, war ein Aufruf, *ein Appell an uns alle,* das Vaterland zu verteidigen, es zu erhalten, so wie es war! Er weckte aufs nachhaltigste Patriotismus und Vaterlandsliebe – aber auch Hass gegen den Feind, der sich dieses Landes bemächtigen wollte.

Etwas vom oben erwähnten «Déluge» wurde spürbar, als Anfang September der Krieg ausbrach und die geliebte Landi schliesslich im Oktober ihre Tore schliessen musste. Mit Wehmut verfolgte man ihren Abbruch. Sah traurig die mit soviel Sorgfalt zusammengetragenen Kostbarkeiten – darunter auch die «Bücker», meinen Akrobatikvogel – in alle Himmelsrichtungen verschwinden. Das setzte auch meiner privaten Sportfliegerei in Dübendorf, dem Militärflugplatz, ein Ende...

Von Kriegsgefahr umlauerte Stätte der Einkehr
Von Georg Thürer

Die Landesausstellung von 1939 in Zürich war und blieb das grosse nationale Erlebnis unserer Generation. Die Berner Schau von 1914 war noch in meine Knabenzeit gefallen, doch erinnere ich mich, wie mitten in der Ausstellungszeit der Erste Weltkrieg ausgebrochen war. Der Zürcher Landi widerfuhr beim Ausbruch des Zweiten Weltkrieges das gleiche Schicksal. Während indessen das weltgeschichtliche Ereignis 1914 fast wie ein Blitz aus heiterm Himmel empfunden wurde, bedeutete der deutsche Überfall auf Polen Anfang September 1939 für viele einsichtige Schweizer keine Überraschung, sondern eine zu erwartende Explosion der auf Dynamik angewiesenen Diktatur Hitlers.

Zu diesen einsichtigen Schweizern gehörte Prof. *Karl Meyer,* welcher in Zürich an der Universität und an der ETH Geschichte lehrte. Als unermüdlicher Mahner sammelte er in der von ihm begründeten *Res Publica* einen Kerntrupp einsatzbereiter Männer, die zum Widerstand gegen totalitäre Einflüsse entschlossen waren. Da die Vortragstätigkeit neben dem akademischen Lehramt den hinreissenden Redner zu überfordern drohte, bat er mich, das Sekretariat der *Res Publica* zu übernehmen. Zu Neujahr 1939 trat ich in diese vielseitige und anspruchsvolle Arbeit ein, die ich in Zürich bis zu meiner Einberufung in den Aktivdienst leistete. Es lag nahe, dass man uns sofort in die Vorbereitung der im Aufbau begriffenen Landi einbezog. So war es Karl Meyer, der die kernige Kurzfassung des Bundesbriefes von 1291 für den Höhenweg, das Herzstück der Ausstellung, schrieb, und ich hatte in Otto Baumbergers Riesenbild der Schweizergeschichte die *Spruchbänder* zu beschriften. Dieser Auftrag bot mir die willkommene Gelegenheit, unsere Geschichte zur Gegenwart sprechen zu lassen, indem ich versuchte, den Werdegang der Eidgenossenschaft so darzustellen, dass die *Aus*stellung des Landes auf die *Ein*stellung des Volkes einwirke: Der Leitgedanke der Genossenschaft, das Einstehen füreinander, sollte unsere Demokratie in der Bewährungszeit gegen den Ungeist der Diktaturen festigen.

Bei der Eröffnung der Landi am 6. Mai 1939 zogen, von ihren Weibeln in bunten Farbmänteln geführt, der Bundesrat und die kantonalen Regierungen durch die dichtgedrängte Menge. Damals schrieb ich meiner an der Universität Perugia studierenden jungen Braut: «Ich empfand eine reine Freude darüber, dass unsere Obmänner ruhig durch das Volk schreiten, und keiner befürchtet, dass sich ein Revolver auf ihn richte, und kein Detektiv mustert die Menschen, heimlich, unheimlich.» Der bündische Aufbau der Eidgenossenschaft kam in den Kantonaltagen überzeugend zum Ausdruck. Da ich im Lande Glarus aufgewachsen war und kurz zuvor einen Band Gedichte in der Talmundart veröffentlicht hatte, bat mich Landammann Dr. Rudolf Gallati um ein Spiel für den Glarnertag. Das kostete mich nun keinerlei Mühe, denn das von Melchior Dürst verantwortungsbewusst geleitete Heimatschutztheater Glarus hatte mein Schauspiel *Beresina – es Spyl vum Thomas Legler und siner Allmei* in der Uraufführung vom 5. März 1939 so einprägsam gestaltet, dass seine Wiederholung am 8. August gegeben war. Es schilderte den jungen Glarner Offizier, der Ende November 1812 vor der Schlacht an der Beresina das Lied *Unser Leben gleicht der Reise* angestimmt hatte, als Mitbürger, der von der Eidgenossenschaft höher dachte als die meisten Hinterländer Dorfleute. Armin Meili hob als Direktor der LA im Werk *Die Schweiz im Spiegel der Landesausstellung 1939* die Sprache des köstlichen Heimatspieles besonders hervor, und viele Zeichen der Zustimmung bezeugten mir, dass äussere Not auch uns innerlich zusammenführen kann.

Für das Haus der Jugend hatte mein Malerfreund Willy Fries das grosse Bild vom heiligen Christophorus geschaffen. Er bat mich für den Bildband, der das Werk in weite Kreise hinaustragen sollte, eine Geschichte zu ersinnen, was ich denn auch in meinen wenigen Freistunden tat, denn unablässig lief ja nebenher meine politische Arbeit. Es gab Wochen, in denen ich Tag für Tag Vorträge zu halten oder Beziehungen anzuknüpfen hatte, welche für den Ernstfall ein Netz von Widerstandszellen mit Vertrauensleuten vorbereiten sollten. Neben solcher Arbeit, die naturgemäss im stillen zu besorgen war, hatte ich an grossen öffentlichen Veranstaltungen mitzuwirken. So führte die *Tatgemeinschaft der Schweizer Jugend* längs des Rheins sehr wirksame «Grenzland-Kundgebungen» durch. In Basel fanden sich rund 15 000 Leute auf dem Münsterplatz ein, von denen manche von der Landi her schon ein verpflichtendes Bild der Eidgenossenschaft in sich trugen.

Hatte die Berner Landesschau gemüthaft das Heimelige betont und sollte später die Exposition nationale von 1964 in Lausanne sich beschwingt zur Weltoffenheit bekennen, so hatte die Zürcher Landi ebenfalls ihre Grundhaltung, ihren unverkennbaren Stil. Gewiss fehlte es auch ihr nicht an traulichen Winkeln und muntern Einfällen – man denke an den Schifflibach – sowenig als an Ausblicken in die weite Welt. Ihr Geheimnis aber lag in einer redlichen Lauterkeit. So wie der Zürichsee als der hellste See der Schweiz gilt, so hatte auch das monatelange Zürcher Fest ein lichtes Wesen, das Zweck und Schönheit vereinigte. Die Treue zur Eigenart ohne Überheblichkeit verlieh der Landi ihre innere Grösse. Und wer mit dem innern Sinn für das Zeitgeschehen ausgerüstet war, empfand zudem, dass alles Gebotene von einer Grundwelle getragen war, welche damals die Eidgenossenschaft durchpulste.

Ach, oft wünschte ich heiss, es möchten doch recht viele Menschen aus geknechteten Nationen oder erlahmten Demokratien unsere Landi besuchen, um zu sehen, was eine gesunde Volksherrschaft vermag. Es kamen denn auch aufmerksame Gäste, einzeln oder in Gruppen, wie z. B. Mitte Juli zum Internationalen Jungliberalen Kongress nach Küsnacht, wo ich über *Totalitäre Einflüsse und ihre Abwehr* zu sprechen hatte. Wehten auf dem Höhenweg die Wappenfähnchen der rund dreitausend Schweizer Gemeinden, so beschlossen Hermann Weilenmann und ich, Gäste aus vielen Staaten auf einer Fahrt zu ausgewählten *Urzellen der Demokratie* zu begleiten. Wir besuchten Dörfer in allen Sprachgebieten und Gemeinwesen vom winzigen Bündner Walserdorf bis zu etlichen Städten. Beim Gang durch Zürich erklärte Stadtpräsident Klöti freimütig, es gebe weltweit keine grössere Stadt, die demokratischer regiert wäre als sein Zürich. Da zupfte mich ein Engländer am Ärmel und bat mich, ich möge ihm nun die Zürcher Slums zeigen. Ich führte ihn durch alte Gassen und ärmere Viertel, wo er indessen den Kopf schüttelte. Das war eine der schönsten Stunden meines Bürgerlebens: Unsere grösste Schweizer Stadt hat keine Slums.

Am denkwürdigsten blieb mir wohl der *Auslandschweizertag* vom 13. August. Bundesrat Motta sprach für den Staat, Oberstkorpskommandant Guisan für die Armee, und ich durfte als Vertreter der Jugend den Landsleuten aus dem Ausland sagen, was uns Eidgenossen «Unser Bund der Mitte» bedeute; meine Ansprache wurde in das erwähnte Erinnerungswerk aufgenommen. Zwei Wochen darauf wurde Guisan unser General. Die Landi musste ihre Tore für einige Zeit schliessen, weil die allgemeine Mobilmachung erging. Gar mancher mochte beim Anziehen des Waffenrocks an Brandenbergers *Mahngestalt des Wehrwillens* und an die drei Kreuze am Ende des Höhenweges der Landi denken. Neben der militärischen Verteidigung galt es ja auch, den geistigen Widerstand gegen die Diktaturen wachzurufen. Gemeinsam mit Adolf Guggenbühl gab ich in seinem Schweizer-Spiegel-Verlag gerade bei Kriegsausbruch das vaterländische Brevier *Wir wollen frei sein* mit Kernworten von Eidgenossen heraus, die vor den bald werbenden, bald drohenden Vögten in der «Arglist unserer Zeit» warnten.

Alle diese persönlichen Hinweise mögen begründen, weshalb mir die Landesausstellung 1939 nicht nur eitel Festfreude bedeuten konnte, sondern dass ich die grosse Schau vor allem als eine *von Kriegsgefahr umlauerte Stätte der Einkehr* erlebte. Gewiss konnte niemand genau voraussehen, dass unser Kleinstaat in den nächsten fünf Jahren vom ehernen Ring angriffiger Diktatur umschlossen sein werde. Auch keiner konnte ahnen, dass das Dritte Reich die Grenze gegen die Schweiz als einzige seiner Landgrenzen nicht mit Panzern überrollen werde.

Auch für mich stand es nicht in den Sternen geschrieben, dass ich, als mich die *Neue Zürcher Zeitung* um die Würdigung des Höhenweges bat (2. Juli 1939), eines Tages für die NZZ auch den Leitartikel der Sonderbeilage *Waffenruhe* vom 8. Mai 1945 zu schreiben hatte. Dazwischen lagen mehr als zweitausend Tage Krieg. Dass unsere Eidgenossenschaft sich als Demokratie mit dem Leitbild des verantwortlichen Mitmenschen inmitten der braunschwarzen Sturmflut der Diktatur zu behaupten vermochte, hat mancherlei Erklärung. Fest steht aber, dass sich viele Eidgenossen von der grossen «Auslegeordnung» der Landesschau im Willen bestärkt fühlten, es lohne sich, unsern freiheitlichen Bundesstaat mit offenen Sinnen zu erkennen und ihn mit allen Kräften zu verteidigen.

Damals an der Landi

Von Hans Schumacher

Blicke ich zurück in jene Zeit vor einem halben Jahrhundert, um herauszufinden, was und wieviel sich von jener mir zugänglichen engeren Alltagswelt unter dem allgemeinen Stich- und Zahlwort 1939 im Gedächtnis erhalten hat, überdeckt eine Erinnerung zunächst alle andern: die Mobilmachung, die das ganze Land auf die Beine brachte, zumal die der Soldaten, die zu den Sammelplätzen strömten. Von diesem Tag an häuften sich für alle Uniformierten die Eindrücke einer neuen Lebensweise, und zwar für unterste Chargen sozusagen zwischen *Rost und Grünspan,* unter welchem Titel ich denn auch meine *Erinnerungen eines Soldaten an den Aktivdienst 1939–1945* niederschrieb. Das war vor 25 Jahren, und jetzt, weitere 25 Jahre danach, geht es um den Versuch, sich jenes andere, alle bewegende Ereignis vor einem halben Jahrhundert zu vergegenwärtigen, das für kurze Zeit mit der militärischen Welt kollidierte: die Landesausstellung.

Zur Einübung des Gedächtnisses halte ich mich zunächst an den allgemeinen Tatbestand, wie ich ihn in einem Brief geschildert finde: «Seit 1. Mai ist eine sog. Landesausstellung in Zürich, die bis zum Oktober dauert und unendlich viel Volk aus allen Winkeln der Schweiz herbeizieht.» Daran ist bestimmt nicht zu zweifeln – nur dass diese Feststellung von *Gottfried Keller* stammt und sich auf jene Ausstellung von 1883 bezieht, die er als «Höllenspektakel» empfand. Dennoch schrieb er den Text für die dann von Friedrich Hegar vertonte Festkantate, nach eigenen Worten «eine wahre Perlenschnur von Gemeinplätzen». Sie trug ihm trotzdem einen goldenen Chronometer ein. Über «diese unerhörte Generosität und Honorierung» war er «so verblüfft», dass er sich in seinem Dankspruch «unter die Bäume verirrte und diejenigen leben liess, welche die Bäume stehen lassen»; man habe nämlich, erklärt der Dichter weiter, «in einer alten Parkanlage einige schönere Bäume geschlagen, um Raum für die Gebäude zu gewinnen». Er schloss seinen Bericht (an Wilhelm Petersen vom 1. Juli 1883) mit der hochvergnüglichen Bemerkung: «Die Herren stiessen auf die Grobheit dennoch tapfer mit mir an und schrien hoch!»

Zwischen 1883 und 1939 liessen sich, zumindest im Sanasilvasinn, glatt Parallelen ziehen. Über alle Vergleiche erhaben aber bleibt, trotz späterer Konkurrenz durch die Expo in Lausanne, die Landi in der Erinnerung jeden Besuchers. Man wird im Rückblick dann nur noch von der «unvergesslichen Landi» sprechen und immer wieder das seltsame Wort «Doozmaaladerlandi» hören. Der sogenannte *Landistil* geriet zwar dann etwas in Verruf, als er in der Variante des imitierten Heimatstils vor allem in zahllosen Wirtshausstuben ein eigenes Nachleben begann.

In meiner Erinnerung erscheinen hinter der melodischen Formel zunächst lediglich Farben und Fetzen von Visionen, die wie in einem Kaleidoskop durcheinanderwogen, ohne vorerst zu bestimmten Bildern zusammenzurücken. Zugleich stellt sich ein Gefühl ein, das man vielleicht Nostalgie nennen könnte, Heimweh nach einer Zeit, wo vor dem Hintergrund des die Schweiz isolierenden Kriegsgeschehens alle Tagesereignisse intensiver erlebt wurden. Als ich damals mit dem Poeten Hermann Hiltbrunner über den Höhenweg wandelte, um dafür das einzig gemässe Wort zu wählen, und nebenher zu beiden Seiten an Wänden und in Vitrinen die Geschichte unseres Landes in einer Bild- und Textfolge vorüberzog, begleitet von der Girlande aus 3000 Wimpeln mit den Gemeindewappen, empfanden wir immer deutlicher eine den Hals einschnürende Beengung, so dass mein Begleiter plötzlich erklärte, diese von Stolz, Rührung und tellentreuer Überheblichkeit getränkte Stimmung halte er nicht länger aus. Ich hütete mich, als in gleicher Weise mitbetroffen, ihm zu widersprechen. Wir Musterhelvetier gewannen aber bald bei einem Reisläufertrunk im gastfreundlichen Landidörfli unsere landesübliche nüchterne Haltung zurück und wiederholten den patriotischen Spaziergang später getrennt; er war für jeden Einheimischen unabdingbare Pflicht.

Dass ich an einem ganz bestimmten Tag – das Datum ist mir dennoch entfallen – durch die Ausstellung schlenderte, wie in all den vielen Wochen unzählige Male, macht mich heute noch glücklich. Müde vom Laufen und Stillstehen sass ich auf einem der berühmten Landistühle wie hineingegossen und schaute versonnen auf die nahe Seefläche hinaus, bis mir nicht allzuweit entfernt bei einer von den Wellen nur wenig bewegten Boje etwas zu schaukeln schien, das einem halbversunkenen Vogel glich. Neugierig und zugleich unruhig geworden, eilte ich ans Ufer und versuchte, von einem Geländeraufbau aus genaueren Aufschluss zu bekommen. Noch bevor ich den wirklichen Tatbestand erfasste, kamen zwei Angestellte einer Wachgesellschaft herbeigerannt, offenbar durch mein aufgeregtes Gebaren alarmiert, und erkannten dann mit mir, dass vor unseren Augen ein Mensch am Ertrinken war. Bis fast an den Hals im Wasser watend, gelang es ihnen, den alten Mann an Land zu ziehen. Er konnte gerettet werden.

Nachdenklich und zufrieden verschwand ich zu einem eher ziellosen Mittreiben im sommerabendlichen Besucherstrom. Weniger segensreich, doch auch nicht ganz unspektakulär entwickelte sich eine Studentenrunde in der Cave valaisanne. Dass ich schliesslich zwischen Flaschen und Gläsern auf dem Tisch stand, erfuhr ich, mit gewisser Anerkennung, erst später; von dem aber, was ich über die Köpfe hin verkündet haben soll, ist mir bis heute der übermittelte apokalyptische Schlusssatz in Erinnerung geblieben: «Drei Minuten vor dem Weltuntergang, wenn sich das Leben noch einmal zur Garbe bündelt!»

Vieles hat sich damals gebündelt, ist näher zusammengerückt, wozu ja die Landesausstellung 1939 das gemässe Symbol war, das die gefährdete Heimat verkörperte, eben den Bund, die Confoederatio Helvetica.

Von einem eher gespenstischen Landierlebnis ist in diesem Zusammenhang noch zu berichten, als sie für kurze Zeit während der Mobilmachung geschlossen blieb und wir paar Soldaten aus einem Lagerschuppen im Ausstellungsgelände Stroh für unsere Kantonnemente abtransportieren mussten. Bei dieser hochwillkommenen Abwechslung kippte einer aus der Mannschaft von der Heubühne einen kompakten Ballen herunter, der auf dem Boden zu einem federnden Sprung ansetzte und mir in den Rücken, ich aber zum allgemeinen Gelächter auf die Nase fiel. Ich nahm den Sturz als Einübung in kommende Kriech- und Liegestützübungen.

Das wirklich Aufregende aber boten die menschenleeren Bilder einer Ausstellung, wie wir sie noch kurz erleben konnten. Sie blieben lange haften. Ohne Besucher wirkten alle Bauten und Einrichtungen wie Kulissen einer Filmstadt, wo keine Dreharbeiten stattfinden, wie eine ausgestorbene Geisterstadt, in der manchmal nur Vogelrufe und Knattern von Fahnen im Wind zu hören sind.

Eine solche grossflächige Veranstaltung lebt nur dank ihrem Publikum und mit ihm zusammen später als schimmernde Vision in den Köpfen jener weiter, die einst mit dabei waren. Jedem Einzelnen dieses immer kleiner werdenden Kreises kommt die Bedeutung eines Zeitzeugen zu. Mir aber fällt nur noch ein, auf welche reizvolle Weise man die Ausstellung im Über- und Vorüberblick sozusagen als Ganzes besichtigen konnte. Drei Einrichtungen standen zur Verfügung: die *Schwebebahn,* ein über die ganze Seebreite gespanntes Kabeltrapez, von dessen Kabinen herunter der gesamte Schauplatz des Geschehens sich auftat (seltsame Erfahrung, dass ohne unmittelbare Verbindung mit dem Boden kein Schwindelgefühl entstand, wie weit man sich auch hinauslehnte); der *Schifflibach,* dieser idyllische Wasserweg mit seinen kleinen Booten für Entdeckungsfahrten (ich fiel nie von Bord); die eiligen *Querkurse* der Zürichseeflotte mit Blick nah über die Wellen hin auf die Uferszenerien samt ihrem plötzlich ungewohnt anmutenden Diagramm der neuen Bauten und Konstruktionen, die die gewohnte Skyline veränderten (man glaubte oft, in einer fremden Stadt zu wohnen).

Wie zuverlässig das eigene Gedächtnis gearbeitet hat, erfahren wir bemühten Berichterstatter erst jetzt beim wiederholten Blättern im nun vorliegenden *Erinnerungs- und Lesebuch.* Vielleicht wird man dabei, im Sinne Gottfried Kellers, auch ausrufen: welch ein «Höllenspektakel», dem es aber vor einem halben Jahrhundert ebenso gelang, «unendlich viel Volk aus allen Winkeln der Schweiz» herbeizuziehen wie 56 Jahre früher schon.

Wir wollen frei sein, wie die Väter waren...

Von Kasimir Nussbaumer

Es ist nicht leicht, über etwas objektiv zu schreiben, das 50 Jahre zurückliegt, wenn man selbst politisch engagiert war – in der Gewerkschaft, in der Sozialdemokratischen Partei – und noch immer ist. Mit der inzwischen angesetzten Patina hat manches ein anderes Gesicht und den Glanz verloren.

Es ist müssig, über etwas zu schreiben, ohne wenigstens ein paar Zeilen den damaligen wirtschaftlichen und politischen Gegebenheiten zu widmen. Wirtschaftlich gesehen war unser Land damals daran, sich aus der grossen Weltwirtschaftskrise herauszufinden. Dies dank massiven Rüstungsaufträgen, Frankenabwertung, Notstandsarbeiten sowie «freiwilligen» Arbeitslagern für jugendliche Arbeitslose. Die Stimmung war also alles andere als rosig. Man wertete die Landi als bürgerliche politische Demonstration und war der Ansicht, dass die benötigten Geldmittel besser anderweitig zum Einsatz kämen. Politisch war die Lage gezeichnet durch die Niederlagen der Demokratien und der jeweiligen Arbeiterbewegungen: Deutschland, Saargebiet, Österreich, Spanien, Tschechoslowakei. Dazu kamen die Monsterprozesse in Russland und der Hitler–Stalin-Pakt. Das Münchner Abkommen, das einen wenn auch kleinen Teil der Arbeiterbewegung deroutierte. Dazu kamen die Prozesse der sogenannten «Spanienfahrer» – also der Schweizer, die in Spanien für die Republik kämpften. Also alles andere als eine freudige Anteilnahme.

Doch je mehr die Landi Gestalt annahm, je mehr wuchs das Interesse auch der Arbeiterschaft an diesem Projekt. Dies vor allem, als publik wurde, dass die Landi kein hurrapolitisches Machwerk geben würde, sondern dass auch die Arbeit und die Arbeiter den ihnen gebührenden Platz erhalten werden. Auch unsere welschen Mitbewohner machten diese Kehrtwendung mit. Je aggressiver Nazideutschland sich gebärdete und je stärker der politische Druck wurde, um so enger wurde der Schulterschluss.

Und als sie erst kamen, die Besucher; firmenweise, kantonsweise oder als Einzelbesucher. Hunderttausende sollten an die Landi kommen, Millionen sind es gewesen! Alle waren tief beeindruckt von der Fülle der ausgestellten Produkte und Maschinen, die zum Teil Weltruf hatten. Eine riesige Schau, Mustermesse im Quadrat, mit heimischer Folklore. Stolz leuchtete in den Augen der Besucher. Stolz, dass ein kleines Land wie das unsrige dies alles fertigbringt. Ein Besucher ist mir in Erinnerung, wie er die Wange einer grossen Maschine streichelte, als er sich unbeobachtet glaubte, so, wie man ein treues Pferd streichelt.

In Heerscharen sind sie nach Zürich gekommen, begeistert nach Hause zurückgekehrt. Viele mit der Überzeugung, dass ein Land mit diesen Freiheiten und Volksrechten verteidigungswürdig sei und in schweren Zeiten unserer Hilfe bedürfe gegen eine braune Barbarei. Womit wir beim Wehrpavillon angelangt sind. Wehrvorführung! Ein infernalisches, ohrenbetäubendes Krachen, Pfeifen und Rattern empfängt uns. Mit gemischten Gefühlen stehen wir da. War dies nötig? Doch beim Gedanken, was uns erwarten würde, wenn... *Nicht* auszudenken! Wehre sich, wer kann, solange er noch kann. Ja, man musste dies alles zeigen: die Flieger, die Tanks, die Kanonen usw., damit der Wehrmann wusste, dass er nicht allein mit seinem Karabiner gegen einen unbarmherzigen Gegner kämpfen muss. Zahlreiche meldeten sich an für Sonderkurse an neuen, schweren Waffen wie IK und Minenwerfer.

Das Schicksal hat es gut gemeint mit dem «Stachelschwein». Aber ich glaube, wir wären im anderen Falle die Antwort auch nicht schuldig geblieben. Lieber als Schweizer gegen Hitler und die braune Barbarei kämpfen denn als «deutschstämmiger» Deutscher auf den Schlachtfeldern verrecken wie die Österreicher, Sudetendeutschen und andere, war die Devise.

Wir wollen frei sein, wie die Väter waren ...

Momente der gemeinsamen Besinnung
Von Emil Landolt

Die Landesausstellung in Zürich von 1939 hinterliess wohl in allen, die sie gesehen und erlebt hatten, einen nachhaltigen Eindruck. Während ihre Vorgängerin von 1914 noch viel eher Messecharakter hatte, wurde 1939 zum erstenmal versucht, ein Gesamtbild der Schweiz zu vermitteln, das nicht nur repräsentierte Firmen und ihre Erzeugnisse, sondern bewusst schweizerische Eigenart und kulturelle Werte in den Mittelpunkt stellte. Verständnis für die Heimat und Liebe zu ihr sollten geweckt werden, und meiner Meinung nach hat die Ausstellung diesen Zweck ganz erfüllt. Ungewollt ist sie zum Mittel der *Geistigen Landesverteidigung* während der folgenden Kriegsjahre geworden, obschon bei ihrer Planung niemand an Kriegsgefahr glauben wollte.

Meine eigenen Erinnerungen sind eher verblasst, sind überdeckt worden vom Aktivdienst und von späterer erlebnisreicher und intensiver Tätigkeit. Deshalb habe ich mich bei meinen Kindern umgehört, die zur Zeit der Landi 6 bis 10 Jahre alt waren.

Spontan nannten sie den Schifflibach, den Höhenweg, die Schwebebahn über den See, die Leichtmetallstühle – die sogenannten Landistühle – und das Bündner Erstklasslesebuch, das in fünf verschiedenen Sprachen gedruckt werden musste. Weiter erwähnten sie die Tatsache, dass sie zwei Drittel der Kosten für die Dauerkarte selber zusammensparen mussten, und das Schaukochen der Buben. Bei allen war die Erinnerung an den sogenannten «Achten Schweizer» wach. Eindrücklich für Grosse und Kleine war die Wehrschau. Dass es daneben an allen möglichen Ständen Müsterchen mitzunehmen gab, sei nur am Rande erwähnt.

Ich möchte einige dieser Streiflichter aufgreifen und versuchen, von ihnen aus den Faden in die heutige Zeit weiterzuspinnen.

Der *Höhenweg* war sicher eine eindrückliche Demonstration des nationalen Zusammengehörigkeitsgefühls. Die farbigen Fähnlein mit den Wappen der dreitausend Gemeinden unserer Eidgenossenschaft waren eine besondere Freude. Ihre Vielfalt an Farben und Formen war Symbol für unsere Heimat, in der die Macht nicht einem Einzelnen, sondern allen vereint zustand, Symbol auch für die vielfältige schweizerische Eigenart, für die Eigenständigkeit und den Willen zu ihrer Bewahrung. Eigenständigkeit hiess damals eigene Traditionen und Bräuche, eine *eigene Sprache* im engeren Lebensraum, eigene Regierungen und Selbstbestimmung der Bürger bis ins kleinste Detail. Der Höhenweg war damit ein allgemeines Sinnbild für unser Überleben als Staat.

Welche von diesen Werten sind heute noch gültig? Die verbesserte Kommunikation, schnellere Verkehrsverbindungen und die Massenmedien haben uns viel von dieser Eigenart genommen: Die Dialekte gleichen sich an, alte Bräuche geraten in Vergessenheit, die ganze Kultur ändert sich. Man kann dies bedauern oder begrüssen – die einen trauern der heilen Welt, der guten alten Zeit und der verlorenen Kultur nach, die andern begrüssen die neue Entwicklung als Fortschritt, als Öffnung zur Welt und Anbruch einer neuen Zeit.

Eine Vaterlandsschau wie die von 1939 wäre wohl heute kaum mehr möglich; die Vorgeschichte der geplanten Jubiläumsausstellung CH 91 hat dies deutlich gezeigt. Das Gefühl der Zusammengehörigkeit als Schweizer hat einem betonten Individualismus Platz gemacht; es ist schade, dass derartige *Momente der gemeinsamen Besinnung* kaum mehr möglich sind.

Die Erstklasslesebücher in fünf verschiedenen romanischen Idiomen waren und sind ebenfalls ein Zeichen der Einheit in der Vielfalt. Kurze Zeit zuvor war das Romanische als vierte Landessprache in der Bundesverfassung anerkannt worden. Leider wurde es damals nicht auch zur Amtssprache erklärt. Allerdings wäre dies schwierig gewesen, hätte man ja einen der Dialekte als Schriftsprache bevorzugen müssen, was zu Diskussionen geführt hätte und dem Romanischen nicht unbedingt förderlich gewesen wäre. Es brauchte fast fünfzig Jahre, bis die Bündner ihr Sprachproblem mit der Schaffung der neuen Schriftsprache, des Rumantsch Grischun, angingen. Es ist zu hoffen, dass damit für das Rätoromanische ein neuer Aufschwung beginnt.

Kochen für Buben war eine Veranstaltung in der Abteilung Hauswirtschaft. In den Ausstellungsküchen präsentierte eine Gruppe von Buben ihre Kochkünste. Vorher hatten sie natürlich ausgiebig geübt, damit nichts mehr schiefgehen konnte. Mit schicken Kochmützen und weissen Schürzen angetan, führten sie ihre Künste vor, begleitet von den Ah! und Oh! der umstehenden Eltern, Verwandten und übrigen Zuschauer. Davon aber, dass diese Buben zu Hause kaum je einen Finger rühren mussten, war nicht die Rede. Ungerecht! Dies war die Meinung der neidischen Schwestern. Wurde da die Emanzipation der Frau vorweggenommen, die zukünftigen Familienväter auf ihre Hausmannrolle vorbereitet? Man kann es auch anders drehen: Damals wie heute stehlen die Männer (fast) immer den Frauen die Schau.

Der *Schifflibach* war eine grosse Attraktion. Gemütlich schaukelte man auf seinen Wellen durch das Ausstellungsgelände des linken Seeufers. Der Fahrpreis von 50 Rappen für die Kinder mutet heute fast märchenhaft an. Der Schifflibach war ein Zeichen dafür, dass man sich noch Zeit nahm, etwas in Ruhe und bis ans Ende zu erleben, dass es sich lohnte, in Musse etwas zu betrachten. Ob eine solche Wasserstrasse immer noch Anziehungskraft hätte? Ertönt heute nicht jedesmal der Ruf: Schneller, mehr sehen, mehr erleben? Schade, denn oft bringt Verweilen und Betrachten mehr als das rasche Abhaken der «gemachten» Sehenswürdigkeiten.

Der *Achte Schweizer* scheint gross und klein einen nachhaltigen Eindruck gemacht zu haben. Hinter sieben Brautpaaren, die brav die Schweizer Fähnchen schwenkten, befand sich, unter einer Glasglocke ausgestellt, der «böse» Achte, derjenige, dem die Schweizerin nicht genug war, der sich eine Ausländerin heimholen musste. Ob man sich vorstellte, dass die ausländische Ehepartnerin die schweizerische Eigenart oder gar den Wehrwillen aushöhlen und untergraben würde? Und wo bleibt der ausländische Ehepartner? Dessen Schweizer Familie blieb unerwähnt, da sie, ungeachtet ihrer Abstammung und Heimatverbundenheit, die Staatsangehörigkeit des Vaters annehmen musste. Die Anprangerung des unglücklichen «Achten Schweizers» scheint uns heute unbegreiflich. Die gemischtnationalen Ehen haben zugenommen, ohne dass die Schweiz bedroht worden wäre. Obschon sich Kulturunterschiede auf diese Art vermischt und abgeschwächt haben, haben diese ausländischen Ehepartner und Ehepartnerinnen unsere Kultur und unser Leben auch bereichert. Vor allem Kinder können profitieren, wenn es den Eltern gelingt, sie beide Kulturen bewusst und als gleichwertig erleben zu lassen. Auch die neue Bürgerrechtsgesetzgebung hat hier für mehr Gleichberechtigung gesorgt.

Damals aber waren Befürchtungen der geschilderten Art sehr wohl vorhanden. Es war dies ja die Zeit, in der das Dritte Reich seinem Höhepunkt zustrebte und der Nationalsozialismus auch in der Schweiz seine Anhänger fand. Und es schien ja gar nicht so sicher, ob Deutschland die kleine Schweiz nicht ebenfalls einfach aufschlucken wollte, wie es das zuvor mit Österreich getan hatte und es mit andern Ländern noch tun sollte. Es war noch während der Dauer der Landesausstellung, dass der Krieg ausbrach. Die Ausstellung ging zu, aber schon nach drei Tagen entschlossen sich die Verantwortlichen, sie wieder zu öffnen, und es bleibt unvergessen, wieviel von dem, was uns präsentiert worden war, plötzlich einen viel höheren geistigen und kulturellen Wert erhielt und wie aus den eindrücklichen Waffenausstellungen, die den Buben als Tummelplatz dienten, auf einmal trauriger Ernst wurde – ein Ernst, der erst nach langer und grausamer Dauer von Europa und der mitten drin gelegenen Schweiz weggenommen wurde.

Wehrwille

Von Hans Rudolf Schmid

In der Ehrenhalle der Abteilung *Wehrwille* auf dem Höhenweg der Schweizerischen Landesausstellung 1939 befand sich die vielbeachtete Plastik «Wehrbereitschaft» des Bildhauers Hans Brandenberger in Zürich. Sie stellte einen Soldaten dar, der mit Entschlossenheit seinen Waffenrock anzieht. Später stellten sich weitere Fassungen des Schweizer Soldaten ein.

Im Ausstellungsraum eine dreifache Aufschrift: Die Schweiz will sich verteidigen – die Schweiz kann sich verteidigen – die Schweiz muss sich verteidigen.

Im Lichthof befanden sich zwei grosse Gemälde von Fred Stauffer. Sie stellten «die starke Schweiz 1914» zu Beginn des Ersten Weltkrieges und als Gegensatz dazu «die schwache Schweiz von 1798» mit dem Zusammenbruch der Alten Eidgenossenschaft dar. Der Kerngedanke und seine Formgebung stammten vom Vorsitzenden der dafür eingesetzten Kommission, dem damaligen Kommandanten der Schiessschule Walenstadt, Gustav Däniker, damals Oberstleutnant im Gst., einem in weiten und vor allem in militärischen Kreisen wohlbekannten Offizier und Truppenführer, der auch durch seine schriftstellerische Tätigkeit bekannt geworden war. Er war vom Eidgenössischen Militärdepartement mit der Aufgabe betraut worden, an der Landesausstellung 1939 die Schweizer Armee überzeugend und schlagkräftig zur Darstellung zu bringen. Er galt als einer der fähigsten Männer der damaligen Armeespitze und war ein hervorragender Waffentechniker. Der ihm beigegebenen Kommission gehörte auch der Verfasser dieses Textes an, nicht in seiner Eigenschaft als Pressechef der Landi, sondern im Auftrag des Militärdepartements. Die Kommission, der übrigens auch der spätere Divisionär Edgar Schumacher angehörte, erfreute sich einer vorzüglichen und einmütigen Zusammenarbeit.

Die Arbeit am Pavillon «Wehrwille» war gut und störungsfrei vorangeschritten, auch die schriftlichen Erläuterungen in den Landessprachen zu den Bilderbogen gediehen in tüchtigen Händen. Der Betrachter gewann einen guten und geschlossenen Eindruck, kurz, die Dinge schienen ihren geordneten Gang zu gehen. Die Eröffnung der Landi nahte, und die Luft war mit Düften von Farben und Lack erfüllt.

Eine Störung, auf die niemand gefasst war, kam aber bald aus dem Bundeshaus, und zwar aus dem Mund von Bundesrat Minger. Eine Bemerkung, die zu andern Zeiten vielleicht wenig Beachtung gefunden hätte, brachte ehrverletzenden Zündstoff in die Szene. Minger sprach im Nationalrat über die Lohnbegehren des Instruktionspersonals, und Däniker ärgerte sich unsäglich und entschloss sich, der Eröffnungsfeier der Landi fernzubleiben.

Oberst Kissling, der Sekretär Mingers, rief mich an und teilte mir den Rücktritt Dänikers mit. Im Hinblick auf die baldige Eröffnung wünschte der Bundesrat im Augenblick keine Auseinandersetzungen. Das war schade, aber das klärende Wort, das hier nötig gewesen wäre, fiel nicht. Minger wünschte mein Einverständnis, mich als Stellvertreter Dänikers bezeichnen zu können. Dies meldete ich unverzüglich dem Präsidenten der LA, Regierungsrat Hans Streuli, und dem Direktor, Armin Meili, die beide die Neuigkeit mit Kopfschütteln zur Kenntnis nahmen. Einige Änderungen beim Druck des Ausstellungskatalogs drängten sich auf.

Das Gespräch mit Gustav Däniker war aus politischen Gründen ins Stocken geraten. Er wurde dann vom Bundesrat verabschiedet. Ein paar Jahre später überraschte mich die Nachricht von seinem Tode am 14. September 1947 schmerzlich; seine starke Persönlichkeit blieb mir unvergesslich. Es ist noch beizufügen, dass das Militär an der Landi nicht nur im Pavillon «Wehrwille» vertreten war, sondern auch an einer zeitgemässen, vielbesuchten Waffenschau und in einem eindrucksvollen Fliegerschiessen auf der Wollishofer Allmend.

Griff zum Waffenrock

Von Hans Brandenberger

Im Laufe des Jahres 1937 wurde für die Landi ein schweizerischer Plastikwettbewerb ausgeschrieben. Die von den Teilnehmern auszuwählenden Themen reichten von Körperkultur bis hin zu Technik und Wissenschaft. Meinem Alter entsprechend interessierten mich am meisten die Themen Heimat und Volk, Sport und Militär. Zu dieser Zeit konnte man aus Zeitungen und Radio vernehmen, dass die politischen Spannungen stetig wuchsen. Da im Wettbewerbsprogramm das Thema *Wehrbereitschaft* enthalten war, liess ich die Zweiergruppe der einander die Hände reichenden Arbeiter, den Speerwerfer und die in die Hosen steigenden Schwinger auf der Seite und machte mich an die Darstellung eines sich bereit machenden Wehrmannes.

Dieses Gipsmodell von etwa 45 cm Höhe wurde durch die Jury mit einem 1. Rang ausgezeichnet und zur Ausführung bestimmt. Im Modell einer Ehrenhalle wurde Standort und Grösse der Figur geprüft. Chefarchitekt Hans Hofmann zeigte mir anhand dieses Architekturmodelles, was er beabsichtigte; die Figur sollte so gross sein, dass sie den hinteren Teil des Raumes optisch fast sprengen würde. Von einer sich nach oben verjüngenden Wand – um eine optische Erhöhung der Halle zu erwirken – wurde abgesehen. Das Ergebnis dieser Studien am Architekturmodell: Die Höhe der Figur sollte 5,80 m betragen und an der hinteren Wand aufgestellt werden.

Diese Grösse bereitete mir natürlich Sorgen: In etwas

mehr als einem halben Jahr war die Eröffnung der Ausstellung vorgesehen. Der Retter in meiner Not war das Jurymitglied Bildhauer Hermann Haller, den ich vor dem Kunsthaus zufällig traf. Es blieb nicht allein beim «Wie geit's Euch?». Er riet mir, meine Plastik im kleinen Massstab gründlich zu studieren und dann pantographisch bei einer Firma in Paris vergrössern zu lassen. Denn im kleinen Massstab hat man den besseren Überblick. Verbesserungen und Änderungen im Grossen bringen ausserdem technische Schwierigkeiten. Nachdem mir Bildhauer Charles O. Bänninger die genaue Adresse der Werkstatt für Vergrösserungen gegeben und mir «bonne chance» gewünscht hatte, war für mich das Vorhaben entschieden: technisch vergrössern lassen und am Schluss noch die kleinen Verbesserungen anbringen.

In den letzten Wochen vor der Eröffnung hatte ich in einer Halle am Höhenweg die Endarbeiten an meiner Grossplastik in Gips zu verrichten. Vom Höhenweg aus hatte ich die Möglichkeit, die letzten Arbeiten der Handwerker – was die Aussenarbeiten betraf – zu überblicken. Es mussten noch Strassen und Wege instand gestellt, Steinplatten gelegt, Malerarbeiten verrichtet werden u. a. Ich fragte mich: Wird das alles in den wenigen noch verbleibenden Tagen fertig? Ja, es wurde fertig – mit diesem Einsatz war es eben möglich. Dafür sorgten die zuständigen Architekten und jeder einzelne Mitarbeiter. Und als der Tag kam, da die Werkzeuge ruhten, war es mir, als ob ein Heer fleissiger Ameisen nach getaner Arbeit plötzlich verschwunden und nur noch das Werk übriggeblieben sei.

Dann kamen sie, die flatternden Fahnen, die leuchtfarbenen Blumen, die Musik in Marschkolonne, die Gäste vom In- und Ausland, die Würdenträger, Politiker, hohes und einfaches Militär. Es ging vom Bahnhofplatz aus die Bahnhofstrasse hinauf zum Alpenquai und zur Landesausstellung. Über dem Eingang zum Höhenweg schwebte schlicht ein weisser Engel ohne Flügel auf blauem Grund. Auch die lattengeschmückten Ausstellungsbauten waren nicht in dem Sinne gestaltet, dass sie imposant wirken sollten. Der Inhalt der Hallen und die beschrifteten Wände brachten einen Überblick über das Wesen und Wirken einer Nation und hatten den Zweck, den Besucher zur Besinnung zu führen.

Ein grosses Erlebnis waren auch die Umzüge der Kantone in ihrer Eigenart. Aus allen Himmelsrichtungen sind sie gekommen, in ihrer Lieblichkeit und Fröhlichkeit, aber auch in ihrem Ernst. Besonders urwüchsig wirkten auf mich die Teilnehmer aus den Urkantonen. Hier kam der harte Lebenskampf der Bergbauern und ihre Bodenständigkeit besonders zum Ausdruck. Die Gesichter dieser kräftigen Männer in Sennenkutten schienen mir zum Teil so herb und scharfgeschnitten wie die kantigen Felsen ihrer Heimat. Das Peitschenknallen mit wuchtigen Armen, um die bösen Geister zu vertreiben – ein uralter Brauch –, liess ihre Sorgen, ja Ängste um das Wohlergehen ihrer Nächsten erahnen.

Für mein Werk, das in seiner Gestik vom Volke verstanden und genehmigt wurde, erhielt ich damals mündlich und schriftlich Dank und Anerkennung in einem Umfang, den ich nicht erwartet hätte. Bereits kurz nach der Eröffnung der Landi wurde mir auf der Strasse gratuliert und auch, mit manchen anerkennenden Worten, auf die Schulter geklopft. Im Aktivdienst hat mir der General selbst die Hand gereicht und mein Werk gelobt. Mein Regimentskommandant teilte mir später in Zivil mit, er habe bei der Mobilmachung an den Landiwehrmann gedacht, als er zum Waffenrock gegriffen habe. So habe ich auch von Füsilieren, Unteroffizieren und Offizieren aller Grade anerkennende Worte erhalten.

Es wurden grössere, mit beschrifteten Schleifen geschmückte Kränze niedergelegt. Zu Füssen des aufbrechenden Soldaten sammelten sich in kürzester Zeit Geldgaben im Gesamtbetrag von 46 448 Franken zur Hilfeleistung durch die Soldatenfürsorge an notleidende, kinderreiche Familien eidgenössischer Wehrmänner.

Unter den vielen, welche mir Dankesbriefe schrieben, waren auch Mütter von Wehrmännern. Der Soldat an der Landi habe sie darauf vorbereitet. Anerkennende Worte für mein Werk erhielt ich auch von Frauen im Hilfsdienst, Samariterinnen und einigen Rotkreuzfahrerinnen – also von solchen, welche gegen sehr bescheidene Besoldung freiwillig ihre Zeit und ihre Kräfte in den Dienst der Heimat stellten.

Als der Krieg ausbrach, hat bei unserer Mobilmachung die gleiche Bewegung stattgefunden wie beim «Wehrmann» an der Landi: Der Bürger im Alltag griff zum Waffenrock, da ihn seine Heimat in der Stunde der Gefahr brauchte.

Bei einer anderen Gelegenheit kam ich mit der Landi wieder in Verbindung. Als patrouillierende Wache auf dem Areal des linken Seeufers. Es galt, das Ausstellungsgut und sämtliches Material auch nachts zu bewachen, da die Landi inzwischen beendet und aufgelöst werden musste. Nun war für meine Grossplastik in Gips noch ein trockener Lagerplatz zu finden. Eine spätere Bestimmung sollte dann über das definitive Schicksal der Figur entscheiden. Spontan erklärte sich damals Liegenschaftenverwalter Angst, ein Vetter von Gottlieb Duttweiler, bereit, einen Platz in einem gedeckten Raum monatelang und kostenlos zur Verfügung zu stellen. Dieses Entgegenkommen ist ja ganz im Geiste der bisherigen Zusammenarbeit, dachte ich froh und rückte nach einem kurzen Urlaub getrost wieder in den Aktivdienst ein.

PS. Ein Bronzeabguss des Originals aus Gips wurde 1941 – anlässlich der 650-Jahr-Feier – von den Auslandschweizern dem Bundesbriefarchiv in Schwyz geschenkt; eine von mir geschaffene Nachbildung des Landiwehrmannes in Marmor steht seit 1947 vor der Turnhalle der Zürcher Kantonsschule neben dem Kantonsspital, als Geschenk des Landi-Arbeitsausschusses an den Kanton Zürich.

Auftrag für ein monumentales Wandbild

Von Hans Erni

Mit wenigen Habseligkeiten, Mitte der dreissiger Jahre, hatte ich mein Atelier im Erdgeschoss eines Witwenhauses, Haverstock Hill 102, Hampstead, London NW 3. Zu vielen verschieden gearteten Zweifeln, die mich in dieser Londoner Vorkriegsszenerie überkamen, fügte sich ein Anruf des Landiarchitekten Armin Meili, ob ich an einem grossen Wandbild interessiert sei. Ich fiel sprichwörtlich aus den Wolken, empfand jedoch sofort eine fällige Herausforderung. Zur Lostrennung von London konnte ich mich jedoch noch nicht entscheiden, bis mir der LA-Abteilungsarchitekt Otto Dreyer am 28. Dezember 1937 nach der Sitzung der Touristikkommission nach London schrieb:

«Nun das Neue und Wichtige: Der gesamte Tourismus soll dargestellt werden an einer Wand von etwa 8 m Höhe und etwa 120 m Länge, welche die geschlossene Rückfassade für das ganze Hotel und die Confiserie bildet. Es sind also insgesamt etwa 1000 m² teils mit Malerei, teils mit Plastik zu dekorieren, und es handelt sich darum, dafür den richtigen Mann zu finden. Während verschiedene Herren Carigiet beauftragen wollten, haben Ernst, Hoffmann und ich Sie in Vorschlag gebracht. Sie würden also vorläufig den Auftrag für den Vorentwurf erhalten, und wenn dieser befriedigt, die Ausführung. Da es sich hier um den grössten Auftrag der Ausstellung handelt, den ein Graphiker erhalten kann, nehme ich an, dass Sie veranlasst werden, aus England zurückzukommen, um die Sache zu bearbeiten. Hoffmann betrachtet es als unerlässlich, dass Sie schon beim Vorentwurf hier in der Nähe sind und wir Gelegenheit haben, immer in Kontakt mit Ihnen zu bleiben. Da wir nun glücklich sind, endlich mit den Herren vom Tourismus den Rank gefunden zu haben und es ohnehin wirklich spät geworden ist, möchten wir rasch vorwärtsmachen.»

Die gestellte Aufgabe, die Dimension, erschien mir gewaltig. Ohne recht zu ahnen, wie die Aufgabe «Die Schweiz, das Ferienland der Völker» anzugehen sei, öffnete sich hier ein Pfad zu nützlicher Tätigkeit. Ich hatte aus malerisch theoretischer Befangenheit auszubrechen, mir ein Bild vom eigenen Land zu schaffen, formalistische Scheuklappen wegzustreifen und mich nüchtern einer nationalen Wirklichkeit zu nähern.

Ich trug die Schweizergeschichte eher rudimentär als Befreiungs- und Söldnergeschichte mit mir. Sie liesse sich am ehesten am Bildersegen von Karl Jauslin messen. Der Freskentitel «Die Schweiz, das Ferienland der Völker» durfte keinesfalls zu einem Fremdenverkehrsprospekt verführen. War es überhaupt möglich, in der Zeit von Hitlers Drohungen gegenüber seinen Nachbarn, Italiens Krieg gegen Abessinien, Francos Überfall auf die spanische Republik das fremdenfreundliche Ferienland anders als in der Igelstellung zu zeigen?

In zahllosen Skizzen wollte ich das Verhältnis des sich wandelnden Menschen in der Beziehung zur bleibenden Natur sichtbar machen, die Vergangenheit mit der Gegenwart bildlich verbinden. In den Ablauf der Jahreszeiten sollten der Charakter des Volkes, die Arbeit, Wohlstand und die kulturelle Eigenart sichtbar gemacht werden. Die Frühgeschichte des Landes, Berge, Gletscher, Wald, die Rodung, das Wild sollten auf allgemeinverständliche Weise zum Ausdruck kommen. An Äusserlichkeiten durfte ich keinesfalls haften, musste Gegensätze herausschälen, um auf die Lichtpunkte innerhalb unserer Landesgrenzen zu weisen. Aus unzähligen Unterlagen und Dokumenten begann ich, Inhalte und Gegenstände auszuwählen, nach vielem Variieren zu ordnen und in Themen über die Bildfläche zu verteilen.

Ausser generellen Hinweisen auf die Zweckbestimmung der Freske liessen mir die auftraggebenden Verwaltungen SBB, PTT und EAV freie Hand. Diese bestimmten als Verbindungsmann Direktor René Thiessing, der mir während der ganzen Dauer der Arbeit diskreteste Stütze war. In dieser Zeit war mir Dr. Konrad Farner ein freundschaftlicher Mentor und durch sein sprichwörtlich enzyklopädisches Wissen eng verbunden. Seine Einflussnahme auf mein Konzept der Landiaufgabe könnte nicht eindeutiger zum Ausdruck kommen als durch seinen Brief mit dem Brecht-Zitat: «Wie künftige Zeiten unsere Schriftsteller beurteilen werden.» «Dies gilt auch für Maler!»

Das Neuartige im Aufbau des Wandbildes waren die Gegenüberstellungen, die Kontraste der sich folgenden Darstellungen. Hauptanliegen war die Ordnung im Wechsel von bedeutsamen und untergeordneten Motiven in einem dynamisch linearen Ablauf. Neben der Bauzeichnerlehre und den Kunstschulen betrachtete ich das Durchqueren von Abstraktion und Surrealismus als ein nützliches Fegefeuer und geeignete Voraussetzung, um das Thema ungewöhnlich anzugehen. In Mitschülern der Luzerner Kunstgewerbeschule, Bruno Meier und Walter Linsenmeier, hatte ich zwei wertvolle Ausführungsgehilfen, letzterer wurde später als Insektenforscher und -maler mit dem Dr. h. c. geehrt.

Um fristgerecht vorwärtszukommen, genügten die Achtstundentage nicht. Zur Vorbereitung des nächsten Tagespensums und für Korrekturen blieben mir nur die Nachtstunden und Sonntage.

Luzern besass zu jener Zeit noch ein verstaubtes Kriegs- und Friedensmuseum auf Musegg. Einige Kojen bargen kärgliche Relikte luzernischen Handwerks. Die ausgeräumte Haupthalle war gerade lang und hoch genug, um die Zimmereigestelle, die Holzroste, auf denen sich die weiss grundierten, seitlich und übereinandergefügten Sperrholztafeln zusammensetzen liessen. Von zwei fahrbaren, zweistöckigen Holzgestellen aus wurde die ganze Bildhöhe in 10- bis 20-Meter-Längsteile ausgeleuchtet und bemalt. Während des kalten Winters 1938/39 kam es vor, dass in der unheizbaren Betonhalle die Farbe schon am Pinsel einfror. Die Freske, in wetterfester Kaseinfarbe ausgeführt, an einer überdeckten Aussenwand, musste ein halbes Jahr unbeschadet überstehen. Eine Ausnahme machten die Teile in der Nähe eines Pissoirs, die den Salpetereinflüssen nicht ganz widerstanden. Mitten in der Riesenarbeit wollte man mir zusätzlich noch die Ausführung eines Zyklus von Geschichtsbildern antragen. Wegen Aufsplitterung der Arbeit lehnte ich ab. Baumberger hat diese Geschichtsbilder auf dem Höhenweg, der ein Glanzstück der Landi war, eindrücklich in Schwarzweiss verwirklicht.

Nach der Fertigstellung sah ich meine Arbeit nur noch wenige Male. Ich hatte das Empfinden, man falle über mich her. Weder die erarbeitete Thematik noch der Aufbau und die malerische Gestaltung schienen anzukommen. Dies fühlte ich trotz der Anerkennung der Auftraggeber, was ich aus einem Brief von Amtes wegen erfuhr: «Nach eingehender Besichtigung der ‹grossen Wand› bestätigt Herr Kradolfer im Namen der Auftraggeber die vertragsgemässe Erstellung des grossen Werkes. Er würdigt die Bemühungen aller Mitarbeiter und LA-Instanzen um die Lösung des schwierigen Problems und beglückwünscht den Künstler zu seiner meisterhaften Leistung, die Zeugnis ablegt für aufopfernde Hingabe an die gestellte Aufgabe und reifes künstlerisches Können. Das vollendete Werk wird von den Ausstellungsbesuchern sehr stark beachtet. Neben der vorbehaltlosen Anerkennung durch die Auftraggeber bleibt dem Künstler der warme Dank aller touristischen Kreise des Landes gesichert.»

Es kam die Mobilmachung und damit eine gewisse Dämpfung der Landieuphorie. Oberst Armin Meili, der nunmehrige Artilleriechef 7. Division, schrieb mir: «Im Feld, 2. 11. 39. Sie wissen, wie sehr dankbar ich für Ihr Werk war. Sie haben nach meinem Ermessen das, was man vielleicht als kurzfristige Monumentalmalerei benennen könnte, an der ganzen Landesausstellung am besten getroffen. Ihr Wandbild gehört zu meinen künstlerischen Liebschaften an der Landesausstellung.»

Die Möglichkeit, dass unser nördlicher Nachbar Falschgeld über der Schweiz abwerfen lassen könnte, war akut. Nach einem Erfolg im Wettbewerb der Schweizerischen Nationalbank für eine neue Banknotenserie konnte ich diese in der Kriegszeit verwirklichen. Als aber ein Luzerner Nationalrat fragte, wie es komme, dass ein Kommunist für die Nationalbank Noten entwerfe, wurde die Zusammenarbeit über Nacht abgebrochen. Dies war die erste Quittung für eine Grundhaltung, die parteiunabhängig, aber manchen philosophisch verdächtig war. Die Umteilung in einer Nachmusterung vom intellektuellen Hilfsdienst zum Munitionsnachschub schien mir der zweite Vertrauensentzug. Als HD Motorfahrer Mun. Mag. 5 war ich im sonnigen Herbst 1939 in Schattdorf mobilisiert.

Nazieroberungen standen im Gespräch jedem näher als Betrachtungen über die erfolgreiche, aber abgebrochene Landi. Bei anhaltender Bedrohung von aussen wuchs der Wille zur Selbstbehauptung im Innern des Landes, und ich empfand, dass die Beurteilung der Gegensätze und Zusammenhänge auf meinem Landibild auch eine Änderung erfuhr. In der Ausstellung der dreissiger Jahre im Kunsthaus Zürich fand dann ein guterhaltener Bildausschnitt Beachtung. In naher Zukunft soll nun das Landibild in seiner vollen Länge im Verkehrshaus der Schweiz in Luzern zur Aufstellung gelangen. Nach einem halben Jahrhundert frage ich mich, was die Begegnung erwirken wird.

Im nachhinein wird mir bewusst, wieviel aus der Vorlandizeit in diesen Bericht eingeflossen ist, wie spärlich die Landi selbst und wie ergiebig die Folgen hier ausgebreitet sind. Vermutlich haben Krieg, Aktivdienst und Überlebensfragen individuelle und gemeinschaftliche, beschauliche Erinnerungsbilder überdeckt.

Als Märchenfee im Kinderparadies
Von Trudi Gerster

Die Landesausstellung war für mich beruflich und privat einer der wichtigsten und glücklichsten Abschnitte meines Lebens. Es fing damit an, dass ich nach beendeter Schulzeit unbedingt zum Theater wollte. Da ich noch jüngere Geschwister hatte, konnten meine Eltern aber die dafür nötige Ausbildung nicht bezahlen. Zwar lernte ich an einem Rezitationsabend, bei dem ich als junges Mädchen mit einem literarischen Märchen geglänzt hatte, einen deutschen Regisseur kennen, der mir einen Elevenvertrag in Berlin anbot. Aber mein Vater, Gewerkschafter von altem Schrot und Korn, war damit nicht einverstanden: «Zu den Nazis gehst du mir nicht!» Ich verstand das strikte Verbot zwar erst später, hatte aber als Minderjährige zu gehorchen.

Also blieb ich im Land, wusste aber nicht, wovon mich «redlich zu ernähren» und mein Studium zu bezahlen. Durch Zufall erfuhr ich, dass in der Landi eine Märchenfee gesucht wurde. Schon während der Schulzeit hatte ich nicht nur Theater gespielt, sondern auch Märchen erzählt. So meldete ich mich keck beim «zuständigen Herrn», Hans Fischli, Architekt des Kinderparadieses. Er hatte ein lustiges Gesicht, den Kopf voller Löckchen, sah überhaupt nicht aus, wie ich mir einen «zuständigen Herrn» vorgestellt hatte, fragte aber sehr freundlich nach meinen Wünschen. «Ich möchte ins Kinderparadies», stotterte ich. Herr Fischli lachte: «Da musst du noch warten, es geht erst in einem Monat auf.» «Das weiss ich, aber ich möchte als Märchenfee angestellt werden – Sie suchen doch eine.» Er lachte noch mehr: «Ja schon, aber ein wenig reifer haben wir uns die Dame schon vorgestellt! Kannst du denn überhaupt Märchen erzählen?» «Natürlich, wollen Sie eines hören?» Dann erzählte ich, begleitet von ständigem Telefongeklingel: *Wie das Schweinchen zu seinem Schwänzchen kam* (frei nach F. Timmermans). Bei der Stelle, wo das Säuli schluchzend und grunzend bettelt: «Liebe Gott, alli andere Tierli sind so schöö, gimm mer doch au öppis, dass i nod muess elleige nackti i de Welt umelaufe...», bekamen auch der lustige Hans Fischli und seine Sekretärin Erna, die mich später liebevoll betreute, ganz feuchte Augen.

Kurz, das «Säuli» brachte mir Glück. Ich wurde vom Fleck weg als hauptamtliche Märchenfee in der Landi engagiert und bekam jeden Monat 250 Franken, eine für mich damals ungeheuerliche Summe. Ich trug ein goldenes Brokatkleid und ein Krönchen aus Goldblech, das bei meinem lebhaften Erzählen ständig auf meinem Blondhaar herumrutschte und darum bald nur noch beim Fotografiertwerden gebraucht und aufgesetzt wurde.

Das Märchenhaus lag an einem Seerosenteich, und auf dem riesigen Stoffelefanten lauschte sogar einmal ein Bundesrat dem Märchen von Ali Baba und den vierzig Räubern. Ich glaube, es war der legendäre Rudolf Minger. Leider zeigte sich bald, dass das romantische Märchenhaus für die wachsenden Zuschauerzahlen zu klein war. So mussten die Vorstellungen auf den lärmigen Spielplatz oder, je nach Wetter, ins Kasperlitheater disloziert werden. Sehr schnell merkte ich, dass die vielen Kinder im Alter zwischen drei und fünfzehn

Jahren nicht gefesselt werden konnten, wenn die Geschichten einfach vorgelesen wurden. Ich musste sie mir einprägen und sie dann jedesmal frei erzählend neu entstehen lassen. Dabei half mir ein erstaunlich aufmerksames Publikum. Es gab Kinder, die tagelang nicht von meiner Seite wichen, sich sogar weigerten, in die Ferien zu gehen, um ja keine Märchen zu verpassen. Die einen wollten immer neue Märchen hören, andere immer wieder dieselben.

So erzählte ich jeden Tag, Stunden um Stunden, den ganzen Landisommer lang, mit einem Freitag pro Woche. Die Schriftstellerin Ursula von Wiese schrieb damals über mich: «Sie hat eine Kunst entwickelt, die, farbig und gemütvoll, eine absolute Seltenheit darstellt.» Es war mir nicht bewusst, dass dieser freie, von Kommunikation mit dem Publikum geprägte Erzählstil heutzutage eigentlich fast nur noch im Orient gepflegt wird. Da ich an manchen Abenden noch im grossen Landifestspiel, bei dem ich viele bekannte Schauspieler wie Leopold Biberti und Margarethe Schell von Noé kennenlernte, die Braut spielen durfte, verdiente ich genügend Geld, um mir die ersehnten Schauspiel- und Gesangsstunden zu leisten.

Mein Gesangslehrer war der Vater des später international bekannten Dirigenten Silvio Varviso. Am Schluss meiner Stimmübungen durfte ich jeweils meine Lieblingsarien aus der «Butterfly» und der «Zauberflöte» singen. Waren diese Arien, mein stundenlanges Erzählen ohne Mikrophon oder meine laut herausposaunten «bräutlichen» Sätze schuld daran, dass nach einigen Monaten nur noch ein Krächzen aus meiner gemarterten Kehle kam? Zwar verlieh dieses Krächzen meinen Hexen und Wölfen einen zusätzlichen Reiz, von dem die Kinder nicht genug bekommen konnten. Meine Stimmbänder wurden mit Hilfe eines guten Halsarztes wieder in Ordnung gebracht, aber die Koloraturen waren weg – für alle Zeit.

Ich hatte oben am Zürichberg in einem Chalet zwischen hohen Tannen ein zauberhaftes Zimmer gefunden. Wir nannten es «das Waldhaus». Es gehörte einer blitzgescheiten alten Dame, die mich liebevoll bemutterte. Sie hiess Gustava, und einer ihrer Söhne war der spätere Nobelpreisträger Tadeus Reichstein. Dort lernte ich die erste und grosse Liebe meines Lebens kennen, einen braungelockten, bildschönen Chemiestudenten aus dem Kanton Glarus, den ich später heiratete.

Ein Leben wie im Märchen wäre, mindestens zu jener Zeit, beinahe vollkommen gewesen. Aber ausser uns Schweizern lebten im Haus vor allem jüdische Flüchtlinge, wie der später berühmt gewordene Schriftsteller und Umweltschützer Robert Jungk. Durch ihn und seine Leidensgenossen (Fritz Hochwälder z. B.) erfuhren wir hautnah vom Grauen jener Zeit, von dem man damals nicht wusste, ob es an unseren Grenzen haltmachen würde. Jetzt begriff ich das strikte Verbot meines Vaters, nach Deutschland zu gehen. Durch das Schicksal unserer Hausgenossen und später auch durch meine Schauspiellehrer Ginsberg und Heinz erfuhr ich, welch unverdientes Vorrecht es bedeutet, Schweizer zu sein. Unsere jüdischen Freunde im Waldhaus durften nicht arbeiten, nichts veröffentlichen (oder höchstens unter einem Pseudonym). Was noch schlimmer war, sie wussten nicht, ob sie bleiben konnten oder eines Tages in einen grauenhaften Tod geschickt würden wie ihre in Deutschland verbliebenen

Verwandten. Diese schwarzen Wolken, die Angst vor einem drohenden Krieg und dem Verlust unserer Freiheit hingen nicht nur über unserem romantischen Haus auf dem Zürichberg, sondern über der ganzen sonst so fröhlichen Landi, über dem Schifflibach und dem Höhenweg. Die drohende Gefahr bewirkte aber auch ein Zusammengehörigkeitsgefühl der vielen Menschen, die in der Landesausstellung zusammenkamen, wie ich es später in der Schweiz nur noch selten erlebt habe.

Der nationale Schulterschluss war auch zu spüren, als ich an der Seite meines verehrten Heinrich Gretler am Anfang des Krieges in Schillers *Wilhelm Tell* mit Bubenstimme Tells Sohn Walter spielen durfte oder als im Schauspielhaus im *Don Carlos* der Satz fiel: «Geben Sie Gedankenfreiheit, Sire» und das Publikum spontan aufstand und applaudierte.

Als die Landi ihre Pforten schloss, verliess ich mein Märchenhaus, wurde tatsächlich Schauspielerin und später, als die Frauen das Stimmrecht bekamen, auch Politikerin. Aber das ist eine andere Geschichte. Sicher ist, dass die Landi und all die damit zusammenhängenden Erlebnisse mein ganzes Leben beeinflusst und entscheidend geprägt haben, künstlerisch, privat und eben auch politisch.

Foto- und Textdokumente

Am 6. Mai 1939 wurde die Landi mit einem Festzug eröffnet. Über 100 000 Menschen säumten die Zürcher Bahnhofstrasse; rund 3000 Zürcher Sechstklässler standen zunächst mit den Fähnchen aller Schweizer Gemeinden Spalier, um sich dann als Nachhut dem Umzug anzuschliessen.

Zur Eröffnung der Landi trugen Stafetten aus allen Kantonen die Grussbotschaft ihrer Regierung nach Zürich. Bild: Die kantonalen Urkunden- und Standartenträger auf ihrem Stillauf zur Festhalle, wo die Urkunden feierlich verlesen und Bundesrat Obrecht und Landi-Direktor Meili überreicht wurden.

Aus den Eröffnungsreden

Zürich verdankt seine Grösse und Bedeutung dem Umstand, dass es an jenem Schnittpunkt liegt, in dem die Gotthardstrasse sich mit der grossen Heerstrasse trifft, die den Genfersee mit dem Bodensee und den Jura mit den Bündner Pässen verbindet. Zürich liegt im Treff- und Brennpunkt der italienischen, der welschen, der deutschen und der rätoromanischen Schweiz. Dass die Landesausstellung gerade in diesem Treff- und Brennpunkt ihre Zelte aufgeschlagen, darin erblicke ich heute eine symbolhafte Bedeutung. Hier treffen sich die Eidgenossen und die eidgenössischen Stände verschiedener Sprachen zu einer gemeinsamen Kundgebung des Willens, eine einige und einzige Schweiz zu sein, die eidgenössische Schweiz! Denn das ist der Landesausstellung letzter und tiefster Sinn: Sie will ein freudiges, lebendiges Bekenntnis sein zum Land und zum eidgenössischen Kultur- und Staatsgedanken.

Schon die Geschichte allein bildet den unwiderlegbaren Beweis für die Notwendigkeit und universelle Sendung der schweizerischen Eidgenossenschaft und für die Grösse und Unsterblichkeit des Gedankens, der in ihr seine Inkarnation gefunden hat. Und doch, meine Verehrtesten, gilt die Landesausstellung nicht einer grossen Vergangenheit, ja letzten Endes nicht einmal der Gegenwart. Sie will eine Bejahung der *Zukunft* sein. Sie ist eine Kundgebung unseres Willens, mutig und mit Vertrauen in die Zukunft zu blicken, mit dem gesamten wirtschaftlichen und geistigen Einsatz unseres Landes und der lebendigen, geballten Kraft unserer Jugend das zu verteidigen, was wir besitzen, und diesen Besitz weiter auszubauen für unsere Söhne, Enkel und alle, die nach uns in diesem freien Lande leben werden.

Die Landesausstellung 1939 in Zürich ist keine Schau mit ausschliesslich oder auch nur vorwiegend kommerziellem Gepräge. Unsere Landesausstellung ist mehr; sie umfasst unser ganzes wirtschaftliches, politisches, soziales und kulturelles Leben: Sie umfasst unser Volk in seiner Gesamtheit. Die Landesausstellung will eine machtvolle Kundgebung unseres Fühlens und Denkens, unseres Wollens und Könnens sein; sie will eidgenössischem Geist und eidgenössischer Gesinnung sichtbaren Ausdruck verleihen. Zwar dürfen wir, wenn wir die Bauten am See durchwandern, uns dankbar der grossen Leistungen unserer Landwirtschaft und Industrie freuen, dürfen vor der Darstellung unserer Schulen und der in Freundschaft vereinigten Kirchen, vor den Werken von Wissenschaft und Kunst hohe Genugtuung empfinden. Aber zum erstenmal in solchem Rahmen sind darüber hinaus unsere Heimat und unser Volk, sind wir Schweizer und unser Staat selbst dargestellt, nicht zu eitler Selbstbespiegelung, sondern zur Einkehr und zum Ansporn am Vorbild unserer Väter. Einbezogen in die Ausstellung ist auch ein Stück unseres Vaterlandes, der lachende See mit dem stolzen Gebirge im Hintergrund, zu unserer Erbauung und zum Dank.

So möge diese Landesausstellung in ihrer Gesamtheit Zeugnis ablegen für unser unabhängiges, einiges und starkes Volk, für unser durch seine Vielheit reiches Volk; sie soll Zeugnis ablegen für unser Schweizertum mit seinem unentwegten Willen zur Freiheit. Wir wollen nicht Richter sein über andere, wir wollen nicht Kritik üben an dem, was wir für uns ablehnen müssen, sondern wir wollen sagen, was Schweizerart ist und Schweizergeist: Gemeinsamkeit und Menschlichkeit.

Zwei Momente verleihen der neuen Landesausstellung ein besonderes Gepräge: der Standort und die thematische Gliederung des Ausstellungsstoffes. Wenn die oft gehörte These richtig ist, dass das Gelingen einer Ausstellung in wesentlichem Masse von ihrem Standort abhänge, so braucht uns um den

Bundespräsident *Philipp Etter* beim Festakt vom 6. Mai in der Zürcher Tonhalle.

Regierungsrat *Hans Streuli,* Präsident des Organisationskomitees, beim gleichen Anlass.

Erfolg dieser Ausstellung nicht bange zu sein, haben wir ihr doch das schönste Gelände, die Parkanlagen am See, zur Verfügung gestellt und für gute und interessante Verbindung der beiden Ufer auf dem Wasser- und dem Luftwege gesorgt. Der Knappheit der verfügbaren Fläche half der Chefarchitekt zum Teil durch die Schaffung einer reizvollen Höhenstrasse ab.

Ihr ganz besonderes Gepräge und ihren hohen Gehalt hat die Ausstellung durch die neuartige Gliederung des Ausstellungsstoffes erhalten. Der Übergang vom System der Einzelausstellungen zu dem der kollektiven Ausstellungen ganzer Berufs- oder Wirtschaftsgruppen war ein kühner Schnitt. Es war zu erwarten, dass er nicht ohne bedeutende Konzessionen an das Reklamebedürfnis der einzelnen Firmen gelingen werde. Diese Befürchtung hat sich nicht bewahrheitet. Die Ausstellerfirmen haben in bewundernswerter Weise ihre Einzelinteressen dem Gesamtinteresse der Gruppe untergeordnet und gewaltige Opfer gebracht, um eine mustergültige Kollektivausstellung ihrer Gruppe zu sichern. Die Konzessionen an das alte System sind so bescheiden, dass die Ausstellung nahe an das erstrebte Ideal heranreicht. Dieser Geist einträchtiger Zusammenarbeit, dem das Gelingen der Ausstellung zu verdanken sein wird, verdient höchstes Lob, und ich spreche im Namen der Ausstellungsbehörden den Ausstellern dafür den aufrichtigsten Dank aus.

Stadtpräsident *Emil Klöti* am Eröffnungstag der Landi in der Zürcher Tonhalle.

TESSIN

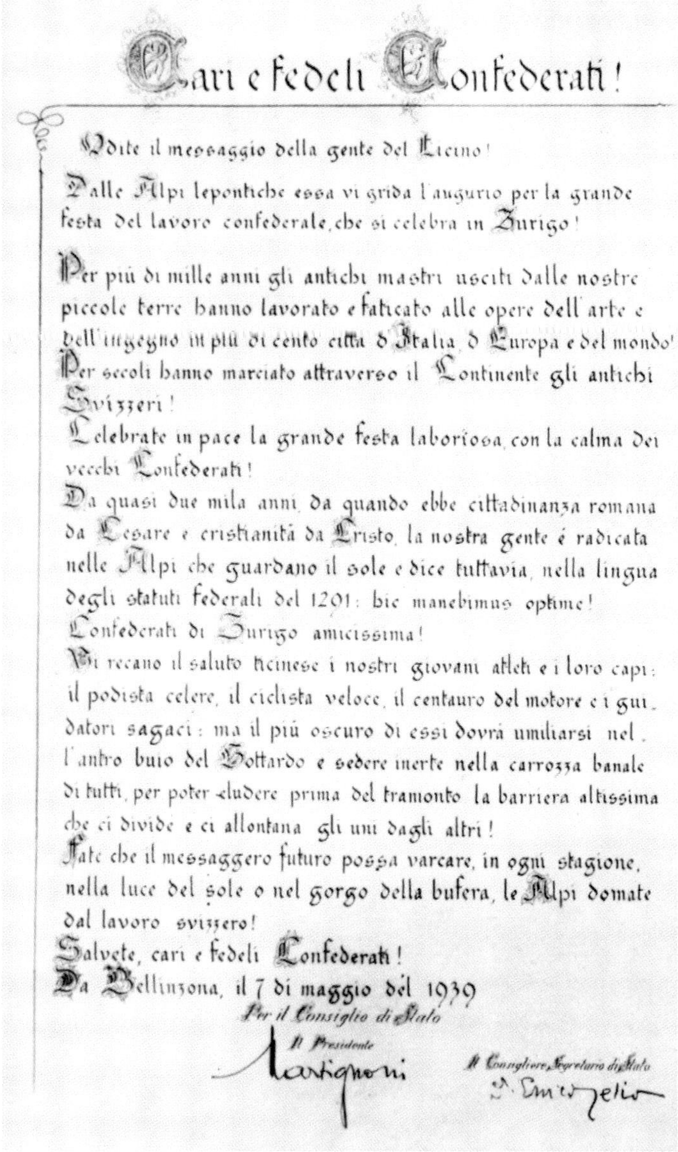

Cari e fedeli Confederati!

Udite il messaggio della gente del Ticino!

Dalle Alpi lepontiche essa vi grida l'augurio per la grande festa del lavoro confederale, che si celebra in Zurigo!

Per più di mille anni gli antichi mastri usciti dalle nostre piccole terre hanno lavorato e faticato alle opere dell'arte e dell'ingegno in più di cento città d'Italia, d'Europa e del mondo!
Per secoli hanno marciato attraverso il Continente gli antichi Svizzeri!
Celebrate in pace la grande festa laboriosa, con la calma dei vecchi Confederati!
Da quasi due mila anni, da quando ebbe cittadinanza romana da Cesare e cristianità da Cristo, la nostra gente è radicata nelle Alpi che guardano il sole e dice tuttavia, nella lingua degli statuti federali del 1291: hic manebimus optime!
Confederati di Zurigo amicissima!
Vi recano il saluto ticinese i nostri giovani atleti e i loro capi: il podista celere, il ciclista veloce, il centauro del motore e i guidatori sagaci: ma il più oscuro di essi dovrà umiliarsi nell'antro buio del Gottardo e sedere inerte nella carrozza banale di tutti, per poter eludere prima del tramonto la barriera altissima che ci divide e ci allontana gli uni dagli altri!
Fate che il messaggero futuro possa varcare, in ogni stagione, nella luce del sole o nel gorgo della bufera, le Alpi domate dal lavoro svizzero!
Salvete, cari e fedeli Confederati!
Da Bellinzona, il 7 di maggio del 1939

Per il Consiglio di Stato

Il Presidente

Martignoni

Il Consigliere Segretario di Stato

Grussbotschaft der Tessiner Regierung.

Il Ticino

Il Ticino che, attraverso i secoli, dai longobardi in poi, diede al mondo generazioni di artisti le cui tracce imperiture sono sparse dall'Ebro al Volga, dalle cattedrali di Siviglia a quelle di Roma e della città sognante sulla laguna adriatica, e fino alle corti di Vienna, di Sassonia e di Mosca; un Ticino che diede alla Svizzera un Franscini e un Motta; la cui gente, se ha smarrito per contingenze esteriori le vie della gloria artistica non ha però perduto quello della bellezza e dell'armonia, nè la volontà del lavoro, come lo provano il suo artigianato e la promettente fioritura letteraria di questi ultimi anni; un Ticino come questo non poteva mancare di dare all'Esposizione Nazionale un contributo notevole e interessante. Se non altro, almeno per provare che, malgrado le difficoltà opposte dalla natura e dagli uomini al suo sviluppo, esso non tralascia ogni sforzo per sollevarsi con mezzi propri dal marasma che lo colpisce. Come esso è riuscito a realizzare con onore la Fiera svizzera di Lugano, a dimostrare quanto possano le sole forze locali nelle mostre dell'artigianato e dell'agricoltura di Locarno e di Bellinzona, così eccolo presentarsi alla festa del lavoro svizzero con le sue opere, con le sue aspirazioni e col suo popolo festante in mezzo ai confratelli di oltre Gottardo.

Le giornate ticinesi dal 26 al 29 maggio sono destinate a dare risalto alla vita culturale del Ticino e del contributo della sua popolazione alla vita spirituale del Paese. Lo spettacolo musicale e coreografico scritto da Guido Calgari e musicato da G. B. Mantegazzi si chiama „Sacra terra del Ticino". I diversi quadri che si intitolano: La Libertà, I Dolori, Il Lavoro, Le Feste e La Patria, dicono della vita vera, dei sacrifici e delle più nobili idealità del popolo ticinese.

Rallegriamoci di questa nuova manifestazione di attaccamento del Ticino alle grandi opere della solidarietà nazionale. E auguriamoci che l'Esposizione, riavvicinando ancora una volta i confederati di tutte le regioni del Paese, contribuisca a potenziare la comprensione e l'unità di tutti gli Svizzeri, e a dare a tutti la netta coscienza che le singole parti della Confederazione più godranno della considerazione generale tanto più elevato è il contributo che con mezzi propri essi si sforzano di portare alla vita nazionale.

Il Ticino partecipa oggi con tutto l'entusiasmo di cui è capace alla festa più bella del Popolo svizzero. La staffetta che recherà dall'estremo lembo meridionale della Confederazione il saluto dei ticinesi, ha per noi il significato di una promessa rinnovata sull'altare della Patria; è il simbolo della unione indissolubile e di una fede che non scema nemmeno quando ci prende lo sconforto dell'ingiustizia patita. Lo sappiano i nostri Confederati e comprendano il significato del gesto che il Ticino compie anche in questa occasione. Ma oggi non è giorno di recriminazioni. Oggi è giorno di letizia. E i cuori di tutti i ticinesi si ritrovano idealmente sulle rive di questo dolce lago, dentro le mura squisitamente ospitali di questa Zurigo industre e gloriosa che per il Ticino ha sempre, in ogni evenienza, una parola o un gesto di sincera comprensione.

Camillo Valsangiacomo.

Aus der Sonderbeilage der «Neuen Zürcher Zeitung» vom 6. Mai 1939.

GRAUBÜNDEN

SCHWEIZERISCHE LANDESAUSSTELLUNG 1939 ZÜRICH
EXPOSIZUN NAZIONALA SVIZZERA 1939 TURITG
ESPOSIZIONE NAZIONALE SVIZZERA 1939 ZURIGO

HEUT ÖFFNET STOLZ DAS SCHWEIZERHAUS
DER ARBEIT EDELSCHREIN/
HOCH JAUCHZT'S VOM SEE INS BERGREVIER
WIR JAUCHZEN DREIFACH DREIN!

LA FEGLIA REZIA EN CANZUNS SALIDA VUS
DA COR/
PAUC AUR NUS VEIN EN NOS ARCUNS/
LA PATRI/ EI NIES TRESOR!

VERSO L'ITALE TERRE I NOSTRI FIUMI IRROMPONO
MA L'OCCHIO IL CUOR LA MENTE L'ALPI
D'ELVEZIA INCANTANO!

DER KLEINE RAT DES KANTONS GRAUBÜNDEN
IL CUSSEGL PIGN DIL CANTUN GRISCHUN
IL PICCOLO CONSIGLIO DEL CANTONE GRIGIONI

Grussbotschaft der Bündner Regierung.

Salüd d'ün Grischun

Las portas da nossa grand' Exposiziun naziunala s'avran in ün mumaint da schalmanas ed orizzis. Al medem temp cha l'intera Svizzra as preparaiva per la plü granda manifestaziun da sia cultura ed originalità, ils greivs consquass da l'equiliber europeic la sforzettan da far guargia als cunfins, da chargiar las minas da las punts e da vair cha la puolvra saja bain a süt. Cun gnierva d'atschal cuntinuet l'inter pövel svizzer ils preparativs per l'exposiziun bain consciaint ch'üna naziun sana nun as lascha intemorir da chalavernas, ma proseguescha cun calma la via inchaminada.

Cumbain cha'ls evenimaints da l'an passà han fat resentir danouvmaing eir a nos chantun la responsabaltà sco friun da nossa terra svizzra vers daman ed imnatschà da stendschantar qua e là las spranzas per l'avegnir as preparettan eir ils Grischs per dar degnamaing perdütta a Turi da lur lavur e da lur valur.

Nos Grischun, ch'ün soula nomnar cun radschun üna Svizzra in miniatura, as preschainta quaist an cun special plaschair als Confederats. Ils ultims decennis l'han portà adonta da la guerra mondiala grands progress. Las difficultats d'emigrar han sforzà da tschercher lavur e guadagn ill'aigna terra. Las viasfier e vias per auto han collià as po dir cumün per cumün cul grand muond, han dat impuls a l'iniziativa privata generand uschè üna respettabla industria ed ün traffic florizant. Ma il progress ais entrà eir in quella part da nos pövel chi, restand fidela a la veglia tradiziun, ara inavant ils ers da nossas vals e seja nossa praderia. E tuottüna stovess la part grischuna da l'exposiziun esser necessariamaing modesta ed irrelevanta, scha que as trattess dad üna granda faira, dad üna instituziun chi vuless servir in prüma lingia ad interess industrials, economics e spürmaing materials. Que chi dà pero la taimpra speciala a quaista exposiziun, ais güst ch'ella voul preschantar in üna sintesa gigantica tuottas manifestaziuns da la vita svizzra, dimena na be la lavur e seis früts, ma bain eir il caracter ed il spiert dal pövel in tuot seis indombrabels möds da s'exprimer. In quaist sen as ha preparà eir il Grischun.

Per la prüma vouta daspö cha la Svizzra exista as preschantarà a Turi eir la lingua, custümanza e cultura retorumantscha sco part integrala da l'esser grischun e svizzer. Retschavüda avant ün an illa famiglia svizzra cun bratsch'averta, la veglia favella retica as farà ün'onur landrour da cumparair sco degna sour, persvasa dad accumplir üna nöbla missiun illa chasa elvetica. Bleras inscripziuns rumantschas in tuot il vast areal da l'exposiziun muossaran cha la figlia da nossas muntagnas as praista bainischem eir illa vita moderna sainza snajar sia simplicità. Las ovras poeticas e scientificas, las tessandas ed ils rechams da nossas giuvnas e duonnas, ils custüms e l'architectura, la musica rumantscha, la pittura rumantscha que tuot ais uni armonicamaing cun il total da l'exposiziun, ma dà a seis lö tuottüna buna perdütta da que chi'd ais vairamaing cultura retorumantscha.

Possa l'exposiziun persvader a minchün cha nos bravs sudats chi vaglian sper ils terms da nossa patria perchüran ün pövel chi nun as plascha be illa glorificaziun da si'istorgia e cultura, ma chi accumplescha eir ils dovairs dal preschaint e fabricha punts aint per l'avegnir, punts chi nu sdarlossan e nu crodaran tras üngüns consquass.

Andrea Schorta

Aus der Sonderbeilage der «Neuen Zürcher Zeitung» vom 6. Mai 1939.

LA-Bilder – fraulich gesehen
Von Hanna Willi

Frauen überall!
Wenn wir uns schon vom fraulichen Gesichtspunkte aus mit dieser Landesschau befassen, so ist es unser Recht und unsere Pflicht, zu Beginn dieser kleinen Bilderschau vom Frauenpavillon zu sprechen. Seine bescheidenen Dimensionen haben manche Leute beunruhigt. Doch bei näherer Überlegung sind seine Ausmasse eher ein Grund zur Freude, denn die Zeiten der Separatcoupés für Frauen und der Sonderveranstaltungen für weibliche Wesen sind vorüber. Die LA ist durch harmonische und kameradschaftliche Zusammenarbeit von Mann und Frau entstanden. Frauen standen auf Leitern und Gerüsten; als Malerinnen, Architektinnen und geistige Urheberinnen haben sie Anteil an der Ausstellung, sie haben geplant, entworfen und gleich den Arbeitern Tage und Nächte hindurch geschafft. Der Frauenpavillon *darf* klein sein, denn frauliches Schaffen, Denken und Fühlen ist in der grössten Halle, in der kleinsten Nische zu sehen und zu spüren. Ein Raum, und hätte er die Ausmasse der riesigen Festhalle, würde nicht genügen, den Anteil fraulicher Arbeit an diesem schönen Werk zu beherbergen.

LA-Gedanken – vorwiegend gut
Zusammenfassend: So viel Gutes, Schönes und Freundliches ist von der Landi zu berichten! Es scheint oft, als ob sie auf das Wesen ihrer Besucher und Anwohner einen veredelnden Einfluss habe. Man denke nur an die freundlichen Strassenbahnschaffner, an die Polizisten und Securitas-Männer, die in diesen Tagen die verkörperte Ritterlichkeit und Hilfsbereitschaft sind. Die Schifflibachmatrosen konstruieren mitten im Trubel der Arbeit für Invalide spezielle Sitzgelegenheiten, die Securitas-Männer öffnen für Lahme und Gebrechliche Tür und Tor und helfen die Wagen, in denen die Bedauernswerten befördert werden, schieben und stossen. Ein Geist der Nächstenliebe und Hilfsbereitschaft erfüllt diese Ausstellung. An den Kantonaltagungen kommt die Zuneigung, die wir füreinander hegen, schön und ergreifend zum Ausdruck, und schon manches Taschentuch wurde nicht etwa des rinnenden Schweisses wegen in Funktion gesetzt. Und es darf einmal in leisen Worten gesagt werden: Es ist etwas Grosses, wenn man aus Freude und Begeisterung weinen kann!
Hat man übrigens je eine Ausstellung erlebt, in der so viel erlaubt, so wenig verboten ist? Für das Kind im Manne, für die Neugier der Frauen gibt es unendlich viele Hebel, Knöpfe und sonstige Beweglichkeiten, die nur darauf warten, betätigt zu werden. Wo ist eine Verbottafel angebracht? Jedem wird grösstmögliche Freiheit gelassen, wohl nach der Devise: Einem Volk, das fähig sei, sich selber zu regieren, brauche der Weg durch die Ausstellung nicht durch Reglemente und Verbottafeln vorgeschrieben zu werden.

Was an der LA auffällt – und gefällt

Das Urteil einer Dänin · Von Noemi Eskul

Vor allem natürlich das «Bächli». Nicht nur, weil es auf eine reizende, originelle und erholsame Weise eine Spazierfahrt durch einen wichtigen – wenn nicht den wichtigsten – Teil der Ausstellung ermöglicht; nicht nur, weil sein gleichmässiges Strömen – ein psychologisches Meisterstück! – den Besucher selbst in die ernstesten Sachgebiete lächelnd «hineingleiten» lässt; nein, die Bedeutung des «Bächli» ist noch grösser und tiefer: Sieht man nämlich genau hin, so gibt es in seinem kurzen Lauf das *ganze Wesen des Schweizervolkes* wieder, es gibt eine einprägsame, verdichtete Darstellung dieses aus zwei Wurzeln emporwachsenden Volkscharakters: das Stille, das Versonnene, das «Idyllische» – die innige Hingebung an die einfachen Dinge der Natur, die aller Schweizer Eigenart zugrunde liegt –, so fliesst das Bächli gemeinsam zwischen Blumen und Grün; und dann – der zähe Wille, die unermüdliche Energie, die ausgesprochene und gründliche Begabung, die Materie zu zähmen und zu nützen – all das, was dieses «Volk der Hirten» zu Spitzenleistungen auf allen möglichen Gebieten der Industrie und der Wirtschaft trieb – so gleitet man mit dem Bächli, plötzlich ernst gestimmt, durch die hohen Maschinenhallen, durch die Tempel der Arbeit, an Wunderwerken der Präzisionstechnik vorbei. – Erst aus diesen beiden Aspekten rundet sich das Bild des Schweizer Menschen. Und unversehens ist das lieblich strömende Wässerlein zu einem wundersamen Sinnbild geworden...

Rein didaktisch gesehen scheint die LA sich nach den Worten zweier grosser Männer zu richten: Ich meine Nietzsches «In jedem Mann (in jedem Menschen!) steckt ein Kind, und das will spielen» und Pestalozzis: «Lasst die Kinder im Spielen lernen.» Für die grossen und kleinen Jungen – die vielen technischen Spielzeuge, Knöpfe, Schrauben, Hebel, die man unbestraft eigenhändig in Gang setzen kann, für die kleinen und grossen Mädchen – die Puppen im Modepavillon..., die Webe-, Stick- und Strickmaschinen nicht zu vergessen, die in Tätigkeit zu sehen für die meisten Besucherinnen sichtbar ein Erlebnis ist. «So wird das also gemacht, was wir uns gedankenlos an den Leib hängen!» – hörte ich eine jüngere Frau bewundernd ausrufen. Ja, das ist es: Man bekommt auf diese Weise ein intimeres Verhältnis zu den Dingen, die man sonst gedankenlos verbraucht.

Was als stärkster Eindruck von der LA zurückbleibt? Nun: die Embleme der 22 Kantone, die schier unzähligen bunten Wappen der Gemeinden – der freiesten Gemeinden der Welt! – (ich meine einen bestimmten Übergang auf dem «Höhenwege»), die mit einer heiteren Selbstverständlichkeit alle in das grosse weisse Kreuz auf rotem Grunde münden.

Die Einheit der schweizerischen Nation im *Willen* und im *Geiste,* über alle sprachlichen und blutmässigen Verschiedenheiten hinweg, diese unerschütterliche Zusammengehörigkeit *freier* Brüder, ist in unserer Zeit wie ein himmlischer Trost, mehr – wie eine Verheissung.

Einheit in der Vielfalt – die Botschaft des Höhenwegs: «Verschiedene Herkunft, Sprache und Konfession, und dennoch eine Nation.»

Allgegenwärtige Schweizergeschichte: Das 45 Meter lange Fresko von Otto Baumberger lässt das Werden des Bundes von 1291 bis zum Ersten Weltkrieg Revue passieren (Text: Georg Thürer).

Informationstafeln im Pavillon der Schweizer Frau. Die «innerhäusliche» Stellung der Frau und deren wirtschaftliche Seite wurden stark betont. Oben: Liste mit den 14 Berufen der Hausfrau.

Über 700 Meter zog sich der Höhenweg – das nationale Kraftzentrum der Landi – durch das gesamte Ausstellungsareal des linken Seeufers. Bild: Der beschwörende Fahnenhimmel mit den 3000 Gemeindefahnen, allen Kantonsfahnen und – eingemittet – der Schweizer Fahne.

Die Fischerstube im Zürichhorn erinnert heute noch an das Landidörfli, welches gelegentlich auch «Sümpfli» genannt wurde.

Der 75 Meter hohe Turm der Schwebebahn am Eingang zum rechten Ufer. Die 900 Meter lange Seilschwebebahn, welche die beiden Zürichseeufer miteinander verband, galt damals als kühne Konstruktion und war eine der Hauptattraktionen der Landi.

Im «Weiheraum der Dichtung» lasen Schweizer Autoren regelmässig aus ihren Werken vor (Wandbild: Elsa Moeschlin).

Ausschnitt des 120 Meter langen Freskos «Die Schweiz, das Ferienland der Völker» von *Hans Erni*. Das an der Aussenwand des Tourismuspavillons sichtbare Monumentalbild kann im Sommer 89 im Verkehrshaus der Schweiz in Luzern besichtigt werden.

von Paul Roth, im Volksschulpavillon

Schweizer Jugend vor dem grossen Pädagogen *Heinrich Pestalozzi* im Volksschulpavillon (Statue: Paul Roth).

Haupteingang Riesbach zur Abteilung Landwirtschaft mit der Skulptur «Jodler» von Ch. Walt und dem Wandbild von Heinrich Danioth.

Grosstechnische Anlage für die Farbenfabrikation in der Abteilung Chemie.

Seit dem Friedensabkommen in der Maschinenindustrie (1937) gehen Arbeitsfriede und technischer Fortschritt Hand in Hand. Bild: Pfadfinder bewundern einen Dieselmotor; solche Höchstleistungen – so die Botschaft – sind nur mit geregelten Arbeitsbeziehungen möglich.

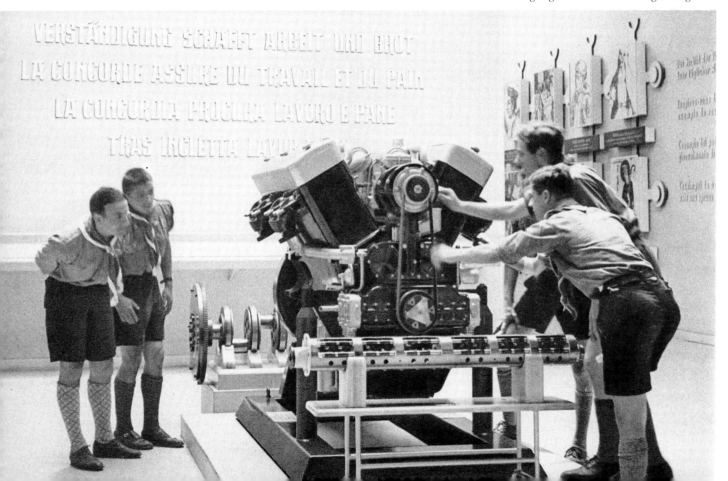

Bohrwerk der Maschinenfabrik Oerlikon.

Stolz auf die Leistung der Schweizer Ingenieure: Der Rotor eines Generators für das Kraftwerk Dixence erbringt eine Leistung von über 42 000 PS. ▶

Hans Brandenbergers Plastik «Wehrbereitschaft» – ein Monument des schweizerischen Selbstbehauptungswillens und die Vorwegnahme einer bei Kriegsausbruch zehntausendfach wiederholten Bewegung.

Unten: Die neue, in der Schweiz fabrizierte 10,5-cm-Infanterie-Kanone in der Abteilung «Wehrwesen – Waffenschau».

Rechts: Nach dem deutschen Überfall auf Polen und der Generalmobilmachung am 1. September wurde die Landi für einige Tage geschlossen. *Bild:* Ein Soldat hält vor geschlossenen Schaltern Wache.

Rechts: Mehr als 400 000 Besucher verfolgten Anfang August die viertägigen Wehrvorführungen auf der Allmend. *Bild:* Unter dem Schutz schweren Artilleriefeuers gehen Infanterieeinheiten gegen feindliche Stellungen vor.

Vor dem feierlichen Hintergrund auf dem Höhenweg äusserte sich die Heimatliebe auch im Soldatenlied.

Ganze Regimenter machten auf Empfehlung ihrer Vorgesetzten im September und Oktober 1939 «Landi-Urlaub».

Otto Ch. Bänningers Plastik «Pferd und Mann» auf dem Festplatz Enge-Ufers; eines der zahlreichen Werke, mit denen die besten Ma und Bildhauer der Schweiz die Landi zierten.

Linke Seite: Appenzeller Buebe a dr Landi.

Am 19./20. August gehörte Zürich dem Trachtenvolk aus allen Regionen. Über 7000 Personen haben am «Triumphzug der Heimat» mitgewirkt, mehr als 140 000 Menschen haben sich an ihm gefreut und aufgerichtet. *Bild:* Glarner Landsleute.

Die Obwaldner in Zürich – für die meisten war es wohl der erste Besuch in der Stadt Zürich.

Das «Eidgenössische Wettspiel» von Edwin Arnet (Text) und Paul Müller (Musik) erzielte mit 150 000 Besuchern an 34 Aufführungen den bisher grössten Festspielerfolg in der Schweiz. Das offizielle Festspiel handelt von den Gefahren, die der Schweiz von aussen und von innen drohen, und davon, wie sie menschlich und vaterländisch überwunden werden können.

Schwyzer Hellebardenträger am Tag der Urschweiz in Zürich.

Die Jodlerfeste mit rund 2000 Jodlern, Alphornbläsern und Fahnenschwingern zogen insgesamt 25 000 Besucher in ihren Bann.

Rechte Seite: Unter den sportlichen Veranstaltungen erzielte die LA-Schwinget den grössten Erfolg.

Unten: «Mer sönd halt Appezöller»: Sennen der Schwägalp beim Talerschwingen. Rund 23 000 Besucher haben dem mit Abstand beliebtesten Festspiel der Appenzeller die Reverenz erwiesen.

Mit seinen ostschweizerischen Riegelbauten war das Landidörfli am Zürichhorn das Symbol bedrohter Heimat und Eigenart und das Bekenntnis zur bäuerlichen Kultur.

Der Welti-Furrer-Express war an der Landi ein beliebtes Transportmittel.

Auf der «Dorfstrasse» herrschte zuweilen Hochbetrieb, ja sogar Wallfahrtsstimmung.

Der Schifflibach – eine der grossen Landi-Attraktionen. Während 18 Minuten glitten über 80 Schiffli lautlos – weil einzig vom Gefälle des Baches getrieben – durch blühende Gärten und durch die wichtigsten Ausstellungshallen des linken Seeufers.

Im Schifflibach durch einen der spektakulären Industriepavillons.

In dem von Architekt Hans Fischli gebauten Vergnügungspalais bekehrte Teddy Stauffer und seine Band fast alle Besucher zum (damals) supermodernen Jazz. Ebenso revolutionär wirkte ein veritables internationales Varietéprogramm mit attraktiven Girltruppen.

Von den drei Geschwistern Schmid, die an der Landi die Herzen der Besucher eroberten, hat sich Willy bis auf den heutigen Tag der Schweizer Folklore und der internationalen Unterhaltungsmusik verschrieben.

Auf dem «Schandpfahl» des Schweizer Heimatwerkes entdeckten die Passanten des Höhenweges kitschige Schweizer Souvenirs meist ausländischer Herkunft. Von dieser Schocktherapie ging die erfolgreiche Aktion «Bel Ricordo» für die Gestaltung und Verbreitung schöner und echter Reiseandenken aus.

Links: Frühmorgendliches Stilleben auf dem Festplatz. Die heute noch benützten Aluminiumstühle haben als Landistühle Geschichte gemacht.

Links: Die schon fast mondänen Türme des Modepavillons – eine damals für unser Land einmalige Stätte kosmopolitischer Eleganz und erlesenen Geschmacks; bestechend auch durch die Kombination von Kabarett, Modeschau und Textilwerbung.

Zu den grossen Erfolgen des LA Theaters gehörte Albert J. Weltis Dialektspiel «Steibruch». Links im Bild: Heinrich Gretler.
Die Eröffnungsrevue des Modetheaters brachte einen Hauch Grossstadt und «Nachtleben» in die Landi.

Andächtig lauschen die kleinen Besucher des Kinderparadieses den Geschichten der Märchenfee (Trudi Gerster). In der «Kinderaufbewahrungsstätte» wurden im Lauf der Ausstellung gegen 20 000 Kinder betreut.

Ausstellungen machen durstig. Bild: Die Waadtländer Weinstube.

Der Föderalismus kommt auch in den Speisekarten der diversen Landi-Gaststätten zum Ausdruck. Wer die Preise unter die Lupe nehmen will, muss wissen, dass der Lebenskostenindex seit 1939 von 100 auf 535 Punkte angestiegen ist.

Spécialités Suisses		Schweizer Spezialitäten
Schoppa da giuotta	1.—	Bündner Gerstensuppe
Consommé aux Quennelles à la moëlle	1.25	Kraftbrühe mit Mark-Knödel
Régal des Grisons Charn secha d'Engiadina Schambun crüj	2.—	Bündnerfleisch und Bündnerschinken
Salziz	1.—	Salziz
Salade de Tripes Zurichoise	1.75	Zürcher Kutteln-Salat
Lard et Jambon du Pays	2.—	Buure Speck und Buure Hamme
Charcuterie Suisse	2.—	1 Platte Aufschnitt
Croûte au Fromage Oberland	1.75	Emmentaler Kässchnitte mit Schinken und pochiertem Ei
Croûte au Fromage Vaudoise	1.25	Greyerzer Kässchnitten
Croûte aux Champignons Genevoise	2.—	Genferschnitten mit Pilzen
Crêpe, Mode du Patron	1.75	Käsgefüllte Pfannkuchen gratiniert
Flan à la Zurichoise	1.75	Zürcher-Flane
Petits Vol-au-Vent Lucernoise, 1 pièce	1.25	Luzerner Chügeli-Pastetli
Truite de Rivière au bleu, 1 pièce	2.75	Bachforellen blau
Bondelle Neuchâteloise, 1 pièce (selon saison)	2.50	Bondelle nach Jahreszeit
Ombre du Léman au Dézaley, 1 pièce (selon Saison)	—	Ombre nach Jahreszeit
Filets de Perche au Beurre noisette (selon saison)	—	Egli-Filets nach Jahreszeit
Saucisse à griller de St-Gall	1.25	St. Galler Bratwurst mit Zwiebeln
Saucisse à griller de St-Gall avec Rösti	1.75	St. Galler Bratwurst mit Zwiebeln und Rösti
Schublig de St-Gall Salade de Pommes de terre	1.75	St. Galler Schüblig mit Kartoffelsalat
Boule de Bâle Salade de Pommes de terre	1.25	Basler Klöpfer (Aussteller) mit Kartoffelsalat

Diese Karte kann zum Preise von Fr. 2.— gekauft werden.

Die Wirtschaft «Zum rote Öpfel» auf dem Dorfplatz.

Das Restaurant im Wasser: Die alkoholfreie «Küchli-Wirtschaft» des Zürcher Frauenvereins.

Armin Meili, der souveräne Direktor der Landi.

Heinrich Oetiker, der sparsame Chefbauleiter der Landi.

Hans Hofmann, der geistvolle Chefarchitekt der Landi.

Der am 30. August von der Bundesversammlung zum General gewählte *Henri Guisan* im Gespräch mit Bundespräsident *Philipp Etter*.

Im Zürcher Rathaus wurden Londons *Lord Mayor* und seine Gemahlin von Stadtpräsident *Emil Klöti* (rechts) empfangen.

In der Abteilung «Zubereiten und Essen» war die warme Maggi-Suppe für fünf Rappen pro Teller während der ersten Landiwochen ein grosser Hit.

Die Luftaufnahme zeigt, wie grosszügig, modern und streckenweise avantgardistisch die Ausstellung des linken Seeufers gestaltet war.

Abschied von der Landi: Unteroffiziere holen am 29. Oktober die Fahnen am Bürkliplatz nieder.

1.-August-Stimmung über der Stadt Zürich.

Eintritte und Gesamtfrequenz auf beiden Ufern

Monate	Ausstellungstage	Enge			Riesbach			Höchste Tages-Gesamtfrequenz		Niedrigste Tages-Gesamtfrequenz	
		Eintritte	interne Überfahrten v. Riesbach	Gesamtfrequenz	Eintritte	interne Überfahrten v. Enge	Gesamtfrequenz	Enge	Riesbach	Enge	Riesbach
Mai . . .	26	961 730	360 624	1 322 354	588 783	387 101	945 884	[1]152 727	[1]97 390	[2]15 024	[2]11 365
Juni . . .	30	1 161 053	486 039	1 647 092	716 830	595 112	1 311 942	106 797	77 156	33 478	23 687
Juli . . .	31	1 369 502	597 186	1 966 688	796 050	742 139	1 538 189	103 903	80 423	39 383	27 404
August. .	31	1 385 743	555 311	1 941 054	799 907	695 014	1 494 921	110 227	[3]100 556	29 809	22 132
September	27	573 233	167 259	740 492	279 404	212 944	492 348	84 843	49 207	[5]6 580	[4]4 409
Oktober .	29	1 255 780	467 430	1 723 210	648 720	591 895	1 240 615	[6]147 206	[6]110 649	14 381	7 918
Total . .	174	6 707 041	2 633 849	9 340 890	3 799 694	3 224 205	7 023 899	152 727	110 649	6 580	4 409

[1] Do. 18. Mai Auffahrt (zeitweilige Schliessung der Eingänge wegen Überfüllung d. Ausstellungsareals
[2] Mo. 8. Mai (Regen 03.15-23.00 h)
[3] So. 20. Aug. (Trachtenfest)
[4] Fr. 1. Sept. (Mobilmachung)
[5] Di. 5. Sept. (Wiedereröffnung)
[6] So. 15. Okt. (Höchste Eintrittszahl)

BAURECHNUNG

	Seite	Voranschlag Fr.	Rechnung Fr.
Terrainbeschaffung		375 000.— 4 700.— N	323 525.30
Tiefbau		2 338 000.— 50 000.— N	2 786 276.40
Hochbau		9 446 000.— 273 000.— N	8 920 478.48
Innenausbau		1 438 000.— 59 000.— N	1 718 359.45
Baukosten Palais		260 000.—	353 134.50
Schiffstege und Schifflibach		340 000.—	413 580.95
		14 583 700.—	14 515 355.08
Verkaufserlöse		35 000.—	690 833.65
	126	14 548 700.— (einschl. Nachträge)	13 824 521.43

SCHLUSSRECHNUNG

(Zusammenzug)

	Seite	Voranschlag Fr.	Rechnung Fr.
EINNAHMEN			
Kapitaleinzahlungen	125	9 040 000.—	9 101 271.15
Eintrittsgelder	126	5 500 000.—	10 033 473.50
Lotterieerträgnisse	126	5 500 000.—	4 887 804.25
Verwaltungseinnahmen	127	40 000.—	52 438.10
Betriebseinnahmen	128-130	4 923 000.—	11 019 044.40
		25 003 000.—	35 094 031.40
AUSGABEN			
Kapitalrückzahlungen	125	1 950 000.—	2 156 440.—
Propagandakosten	127	1 450 000.—	1 425 015.88
Baukosten	126	14 583 700.—	13 824 521.43
Verwaltungskosten	127	2 554 000.—	3 424 456.46
Betriebskosten	128-130	5 478 611.35	7 413 292.11
Reserven	130	778 000.—	450 305.52
		26 794 311.35	28 694 031.40
		einschl. Nachträge	
Verteilbarer Nettogewinn somit			6 400 000.—
(Einzelheiten siehe Betriebsrechnung per 31. Oktober 1940.)			

Im November 1940 legte E. J. Graf, stellvertretender Direktor und Chef des Finanz- und Rechnungswesens, der Grossen Ausstellungskommission den Schlussbericht der Schweizerischen Landesausstellung 1939 vor. Die drei Tabellen erteilen Aufschluss über die Besucherzahl, die Baurechnung und die Schlussrechnung. Aus heutiger Sicht überraschen die Gesamtkosten, das Einhalten des Budgets und der Nettogewinn.

Vorgeschichte und Leitidee

Von Josef Gisler

Die Volkswirtschaftsdirektion des Kantons Zürich schlug schon 1925 vor, anlässlich des 50-Jahr-Jubiläums der Landesausstellung von 1883 in Zürich wieder eine Ausstellung durchzuführen. Emil Klöti, ab 1928 sozialdemokratischer Stadtpräsident von Zürich, erklärte Jahrzehnte später, «dass der Weg zur Landi recht holperig und steinig war und dass man mehrfach nahe daran war, auf dessen Weiterverfolgung zu verzichten» («Volksrecht», 22.12.1956).

Steiniger Weg zur Landi
Durch Bemühungen von Klöti und insbesondere durch A. Ith, Direktor des Verkehrsvereins, fand im April *1929* eine Initiativversammlung betreffend «Schweizerische Schau Qualität und Arbeit, Zürich 1933» statt. Einladungen ergingen an die politischen Vertreter von Stadt und Kanton Zürich, an das Gewerbe, den Handel und die Industrie, an soziale und kulturelle Organisationen. Insgesamt bekundeten die rund 80 Anwesenden *wenig Interesse*. Trotzdem wurde ein Initiativkomitee mit Klöti an der Spitze errichtet. Von verschiedenen Seiten bedrängt, die Ausstellung zu verschieben, entschloss sich das Komitee 1930, die Ausstellung ins Jahr *1936* zu legen; die zeitliche Nähe zu einer anderen Grossveranstaltung erwies sich aus mehreren Gründen als ungünstig.

Neue Hindernisse tauchten mit dem Anspruch *St. Gallens* auf die Abhaltung der landwirtschaftlichen Turnusausstellung auf. Eine Landesausstellung (LA) ohne Einbezug der Landwirtschaft war für die Initianten jedoch unannehmbar. Der Bundesrat, in dessen Kompetenz die Entscheidung lag, beauftragte das Bauernsekretariat, diesbezüglich ein Gutachten zu erstellen. Die bäuerlichen Kreise Zürichs plädierten angesichts der ablehnend-gleichgültigen Haltung der Wirtschaft nur für eine landwirtschaftliche Ausstellung. Die Initianten unterstützten dieses Vorhaben, ohne die ursprünglichen Pläne gänzlich aufzugeben. Ihre Zuversicht wurde arg enttäuscht, als sich der Vorstand des Bauernverbandes gegen den Antrag des Ausschusses entschied und St. Gallen den Vorzug gab.

Klöti erfuhr, dass polemische Voten gegen das *rote* Zürich den Entschluss beeinflusst hätten. Er überliess Regierungsrat Rudolf Streuli den Vorsitz im Initiativkomitee und hoffte, dem Bauernverband entgegenzukommen, da somit an der Spitze der Zürcher Initianten ein Vertreter der Bauernpartei stand. Tatsächlich stiess der Bauernverband seinen Entscheid im Sommer 1931 um, was St. Gallen zu hemdsärmeligen Reaktionen hinriss.

Zürich verlangte in der Folge vom Bundesrat die grundsätzliche Zustimmung zur LA, doch äusserte der Vorsteher des Volkswirtschaftsdepartements, Bundesrat Schulthess, im Februar 1932, «dass die heftige Krise, unter der unsere Volkswirtschaft zu leiden hat, kaum eine geeignete Atmosphäre bildet, um in dieser wichtigen Frage bindende Entschlüsse zu fassen». Diese Antwort befriedigte die Zürcher keineswegs, erhofften sie sich doch gerade von der LA Impulse für die Wirtschaft, wobei primär die Binnenwirtschaft anvisiert wurde. Wiederholte Anfragen seitens der Initianten an den Bundesrat blieben unbeantwortet, während die Bauernorganisationen auf die Durchführung ihrer eigenen Ausstellung oder aber auf definitive Festlegung von Ort und Zeitpunkt der LA drängten. Viel Zeit verstrich, ohne dass sich diesbezüglich etwas getan hätte.

Im Oktober 1933 beschlossen die Initianten angesichts der desolaten Wirtschaftslage, die Ausstellung auf *1938* anzusetzen. Bundesrat Schulthess seinerseits ersuchte die Wirtschaftskreise, ihre Haltung nochmals zu überdenken. Der Gewerbeverband sagte eine Mitwirkung im Rahmen des Möglichen zu. Die Handels- und Industriekreise sprachen weiterhin von Ausstellungsmüdigkeit und davon, dass ihre Bedürfnisse vom Comptoir Suisse und der Mustermesse abgedeckt seien.

Doch näherte sich das «grausame Spiel», wie es Klöti im eingangs zitierten Artikel nannte, seinem Ende. Der Nachfolger von Schulthess, Obrecht, übernahm den Antrag seines Amtsvorgängers (Landesausstellung mit Einbezug der landwirtschaftlichen Ausstellung). Obwohl dieser Vorschlag im Bundesrat nochmals auf ernste Bedenken stiess, fiel dann *Ende Mai 1935* der definitive Entscheid, wobei festgehalten wurde, dass die Subventionen der Krise wegen weniger hoch als 1914 sein würden.

Zielvorstellungen im Wandel der Zeit
Die Wirtschaftskrise, die angespannte Finanzlage des Bundes, aber auch unverhohlene Animositäten gegenüber dem sozialdemokratischen Zürich hatten den Entscheid hinausgezögert. Mit dem *Frontenfrühling 1933* entstand in der Schweiz für geraume Zeit ein politisches Klima, in welchem die Zukunft der Schweiz für viele eine höchst ungewisse wurde und demzufolge zukunftsgerichtetes Handeln erheblich beeinträchtigte. Auffallend ist weiterhin, dass die Ausstellungsinitianten primär wirtschaftliche Argumente anführten. Von ideellen nationalen Zielen war *noch kaum die Rede*.

Die noch verbleibende Vorbereitungszeit schien zu kurz, weshalb die Ausstellung nun *1939* eröffnet werden sollte. Als erstes galt es die Organisationsstruktur zu errichten. Sie unterschied sich kaum von der früherer Landesausstellungen. Oberstes behördliches Organ war die *Grosse Ausstellungskommission* (GAK), deren über 200 Mitglieder das gesamtschweizerische Spektrum politischer, wirtschaftlicher, gesellschaftlicher und kultureller Institutionen abdecken mussten. Ihr oblag die Wahl des etwa 30köpfigen *Organisationskomitees* (OK). Diesem kamen die eigentlich wichtigen Aufgaben zu. Die fast ausschliessliche Präsenz von *Zürchern* im OK wurde damit begründet, dass die Kommissionsmitglieder für die praktische Arbeit sofort zur Verfügung stehen mussten. An die Spitze der LA-Verwaltung wurde entgegen früheren Gepflogenheiten ein Direktor bestellt: Armin Meili, Architekt und Oberst aus Luzern. Er verfügte über internationale Ausstellungserfahrung. Ihm wurde eine *grosse Machtbefugnis* zugeschanzt; so wurde keine Programmkommission geschaffen, sondern Meili führte Einzelverhandlungen mit Experten, die dann auch Exposés verfassten, welche sukzessive ins Programm eingebaut wurden.

Im monumentalen Erinnerungswerk zur LA 1939 fand der Ausstellungsdirektor lobende Worte für die «tatkräftigen Männer Zürichs, die den Boden für eine LA bereitet hatten, die neue Wege einschlagen sollte. Ich glaube behaupten zu dürfen, dass es der Atmosphäre Zürichs zu danken ist, wenn mit vielen überalterten Ausstellungsbegriffen aufgeräumt und Neues geschaffen werden konnte.» Meili zufolge glichen die Vorbereitungen einem «planmässigen militärischen Vormarsch, der ein festgesetztes Ziel zur befohlenen Zeit erreichen muss... Ein Nichteinhalten des Termins hätte für uns eine Niederlage und für das ganze Schweizervolk eine Blamage bedeutet.» Im weiteren spricht er von der «warmen Sympathie, die der LA aus Arbeiterkreisen schon in der Anfangszeit zuströmte» («Die Schweiz im Spiegel der LA», Zürich 1940).

Im Umfeld des einstigen Initiativkomitees waren schon früh Rohumrisse der künftigen LA entworfen worden. Der spätere Chefarchitekt der LA, Hans Hofmann, trat beispielsweise für ein «zukunftsbezogenes illustriertes Wirtschafts- und Kulturprogramm» ein. Selbst die Standortfrage war schon diskutiert worden. Äusserst geschickt und hartnäckig forderte der Bauernsekretär Emil Laur vor der GAK mehrmals, dass die Landwirtschaft den Kern der Ausstellung bilden müsse. Kaum hatte Meili sein Amt angetreten, als er in einer *ersten Programmskizze* vom Juni 1936 versuchte, die vorliegenden Ideen unter einen Hut zu bringen. Es zeigte sich, dass die Vorstellungen erheblich voneinander abwichen. Propaganda für schweizerische Tüchtigkeit und Qualitätsarbeit, für die Schönheit des Landes stand im Vordergrund. Unbestritten war, ausstellungstechnisch neue Wege zu gehen.

Aufwind für nationale Gesichtspunkte
Im Juli wurde der *definitive Standort* der LA festgelegt; man entschied sich für die Konzentration der Ausstellung auf beide Ufer des unteren Seebeckens. Meili hatte dafür zu sorgen, dass sich die Zweiteilung des Terrains im Programm niederschlug.

Im Dezember 1936 unterbreitete der Ausstellungsdirektor dann dem OK einen detaillierten Entwurf für die Systematik des Aufbaus der LA. Der Vorschlag basierte auf dem vom Schweizerischen Werkbund geschaffenen *thematischen Ausstellungskonzept* und umfasste 14 Abteilungen, die «einen genauen und gerechten Querschnitt durch das Schaffen des ganzen Volkes» vermitteln sollten:

Heimat und Volk
Elektrizität
Holz
Die Schweiz, das Ferienland der Völker
Landwirtschaft
Jagd/Fischerei/Vogelschutz
Zubereiten und Essen
Fabrik und Werkstatt
Bauen und Wohnen
Kleider machen Leute
Soll und Haben
Verkehr und Transport
Kraft und Gesundheit
Lernen und Wissen/Denken und Dichten

Die Abteilung *Heimat und Volk* des nachmals vielgepriesenen Höhenwegs figuriert an alleroberster Stelle. Dies steht in einem augenfälligen Kontrast zu früheren Landesausstellungen: Zürich begann 1883 die Ausstellung mit der Seidenindustrie als erster Abteilung, Genf 1896 mit der Uhrmacherei und Bern 1914 mit der Landwirtschaft. Ebenso wird sichtbar, wie sich die einstmaligen Prioritäten der zu schaffenden LA *verschoben* hatten. Alle übrigen Abteilungen sollten zur Paradeabteilung in einem inneren Bezug stehen. Im Detailentwurf zur ersten Abteilung traten *nationale Gesichtspunkte* nun stark hervor. Auffallend ist die starke Betonung von Volks- und Brauchtum, Nationalgeschichte und Landesverteidigung. Die Akzentverschiebung manifestiert sich denn auch im Aufruf zur Beteiligung an der LA an die Adresse der Aussteller. Folgende bereits vom Pathos der inzwischen angelaufenen *Geistigen Landesverteidigung* geprägten Textstellen mögen dies illustrieren:

«Die Flamme der Liebe zu Volk und Heimat soll in alle Gaue schweizerischer Eidgenossenschaft hinausgetragen werden.»

«Je mehr Gefahren uns umdrohen, je schwerer fremder Druck uns einengt, um so unbeugsamer soll unser Wille zur Behauptung sein.»

«Die LA soll ebensosehr eine Kundgebung für unser freiheitliches Staatsbewusstsein als auch eine lückenlose Schau unseres Schaffens werden.»

«Lasst uns auch zeigen, dass wir als Mittler und Träger dreier nationaler Kulturen, als Angehörige verschiedener Weltanschauungen, als ein einzig Volk von Brüdern frei und ohne Joch noch Zwang zusammenleben können.»

Anstelle messeartiger Produktionsaufreihungen verlangte die thematische Ausstellungsmethode eine gesamtheitliche Präsentation, die einen organischen Aufbau voraussetzte. Dieses Aufbau- und Ordnungsprinzip erforderte die themenbezogene Zusammenfassung der rund *5000 Aussteller*. Die neue Ausstellungsart stiess ausstellerseits zunächst auf *heftigen Widerstand*. Meili zufolge war es «der Ausstellungsleitung nicht vergönnt, dem Spiel der Kräfte freien Lauf zu lassen... Vor allem begegnete die starke Zurückdrängung der Einzelaussteller zugunsten der Ausstellergruppen ernsthaften Schwierigkeiten». Das neue Konzept kam aber dem Propagandabedürfnis der Aussteller insofern entgegen, als ihnen je nach Anwendungsbereich ihrer Produkte Ausstellungsmöglichkeiten in verschiedenen Abteilungen offenstanden. Dass die Aussteller sich schliesslich dem Konzept unterwarfen, ist darin zu sehen, dass «Kollektivität und Gemeinsamkeit dem allgemeinen Trend helvetischen Schulterschlusses der damaligen Zeit der Bedrohung entsprach» (W. Möckli, «Das schweizerische Selbstverständnis beim Ausbruch des Zweiten Weltkrieges», Zürich 1973).

Staatspolitische Aufgaben
Damit waren die Grundzüge der Landi vorgezeichnet. Doch brachte die *innere Ausgestaltung* des Rahmenprogramms noch etliche inhaltliche Zuspitzungen, die in einem intensiven Bezug zur innen- wie aussenpolitischen Lage entstanden. Am augenfälligsten zeigte sich dies bei der Ausarbeitung des Detailprogramms von *Heimat und Volk*, dessen definitive Fassung erst im Oktober 1938 vorlag. Selbst der Abschluss des Friedensabkommens in der Metallindustrie 1937 wurde als aktuelles Ergebnis schweizerischen Verständigungswillens an zentraler Stelle ins Programm eingebaut. Diese als *Prolog und Kommentar* zur LA gedachte, als eigener Beitrag des Ausstellungsunternehmens erarbeitete Abteilung lieferte die Optik, in der die gesamte Ausstellung zu betrachten war. Die Intentionen, welche mit dem Höhenweg verfolgt wurden, lagen klar zutage. Dieser Abteilung kamen *staatspolitische Aufgaben* zu. Sie sollte ganz im Sinne der Geistigen Landes-

verteidigung das Nationalbewusstsein stärken, schweizerisches Staatsbewusstsein und Heimatliebe neu entzünden. Sie sollte die Stimmung schaffen, um die Landesausstellung als ein Werk der Gemeinschaft aufzufassen.

«Zürich rüstet und baut auf die LA 1939 hin; das sieht in meinen Augen alles so aus, wie wenn man im aufsteigenden Wetter noch Wäsche hängt oder Heu verzettelt», schrieb der Schriftsteller *Albin Zollinger* Ende 1938 an seinen Bruder. Dieses Umstandes waren sich die Ausstellungsverantwortlichen wohl bewusst; sie glaubten jedoch, dass die LA gerade deswegen nötig war, fiel sie doch, wie O. Bauhofer 1939 schrieb, «in einen jener Augenblicke der Geschichte, da unser Volk *gezählt und gewogen* wird, und an uns liegt es, dass wir *nicht zu leicht befunden* werden».

Prägende Persönlichkeiten

Von Sigmund Widmer

Wer das Phänomen Landi verstehen will, der sollte sich vergegenwärtigen, dass die Landesausstellung von 1939 in der damaligen öffentlichen Meinung einen ausserordentlich hohen Stellenwert einnahm. Infolgedessen genossen die *Persönlichkeiten,* denen nach allgemeinem Urteil das Hauptverdienst am Erfolg der Landi zukam, ungewöhnlich grosses Ansehen. Aus allen ist denn auch «etwas geworden». Der Präsident des Organisationskomitees, Regierungsrat *Hans Streuli,* wurde später Bundesrat, der Direktor der Landi, *Armin Meili,* gelangte schon im Herbst 1939 mit einer Rekordstimmenzahl in den Nationalrat, Chefarchitekt *Hans Hofmann* avancierte zum Professor an der ETH, den Chefbauleiter *Heinrich Oetiker* wählten die Zürcher 1942 in den Zürcher Stadtrat. Der mit Abstand Älteste der Gruppe, Stadtpräsident *Emil Klöti,* amtierte bis zu seinem 78. Altersjahr als respektierter Ständerat, und der Jüngste von allen, der mit 27 Jahren zum Adjunkt des Chefarchitekten gewählte *Hans Fischli* – übrigens der einzige, der noch unter den Lebenden weilt –, entwickelte sich zum angesehenen Bildhauer, Maler und Architekten.

Direktor Armin Meili – der Macher

Es gebührt sich, die Schilderung dieser Persönlichkeiten mit dem Direktor der Landi, mit *Armin Meili,* zu beginnen. Er wurde 1892 in Luzern geboren. Sein Vater galt als tüchtiger Architekt. Von mütterlicher Seite her empfing er die politische Begabung: Sein

Grossvater Anton Wapf war Luzerner Regierungsrat und Nationalrat gewesen. 1915 diplomierte er als Architekt bei Karl Moser und blieb dort Assistent, bis er 1917 den Wettbewerb für eine reformierte Kirche in Solothurn gewann. Mit diesem Erfolg trat er ins Büro seines Vaters ein, das er schon nach kurzer Zeit als sein eigenes zu betrachten pflegte.

1930 gewann er den Wettbewerb für ein Kunst- und Konzerthaus in Luzern. 1933 erhielt er einen Direktauftrag für den Bau einer neuen grossen Kaserne auf der Luzerner Allmend. Dazu kamen Planungsaufträge, Wohnsiedlungen, Schulhäuser usw. Parallel zum Aufstieg als Architekt vollzog sich die Karriere als Artillerie- und Generalstabsoffizier.

Kurz, zur Zeit, da man daran ging, das verantwortliche Team für die Landi zu bilden, war Armin Meili ein Architekt mit gesamtschweizerischem Bekanntheitsgrad, ein schneidiger Offizier (was damals viel bedeutete), ein überall wohl gelittener Mann von etwas mehr als vierzig Jahren, witzig, geistreich, ein *Macher*, dem jede Arbeit rasch von der Hand ging, selbstbewusst und sicher im Auftreten, ein Mann, der es auch durchzusetzen verstand, am *8. April 1936* zum LA-Direktor nicht gewählt, sondern *berufen* zu werden.

Auch aus der Distanz eines halben Jahrhunderts darf man die damalige Wahl als in jenem Zeitpunkt *ideal* bewerten. Meili war eine typische Chefpersönlichkeit. Er konnte delegieren, forderte aber konsequent maximalen Einsatz. Dabei war ihm dienlich, dass er über viel Charisma, über Charme und Begeisterungsfähigkeit verfügte. Dazu kam: Er war eine *Autorität,* der sich kaum jemand zu widersetzen wagte. Da man mit dem Bau der Landi *recht spät* begonnen hatte, schwebte die Weltausstellung in Paris vom Jahr 1937 mit ihren zahlreichen unfertigen Teilen wie ein Gespenst über den Verantwortlichen in Zürich. Mit berechtigtem Stolz schildert deshalb Meili: «In den letzten Monaten liess ich auf alle Briefe und auf alle internen Schriftstücke täglich einen roten Zettel anheften: ‹Wir haben nur noch 41..., 40..., 39... Tage bis zur Eröffnung. Die rechtzeitige und vollständige Fertigstellung ist Ehrensache unseres Volkes!» Der unerbittliche Druck wirkte Wunder, die Landi wurde pünktlich fertig.

Max Kopp (1891–1984), der zum Landidörfli Bauernhäuser beisteuerte, hat in den Zeichnungen zu seinen Landischnitzelbänken Armin Meili stets in der Positur eines Napoleon dargestellt. Ohne eine solche *starke Hand* wäre die Landi aber wohl kaum so völlig geglückt. Mir ist Armin Meili als eine imponierende Persönlichkeit in lebhafter Erinnerung. Humor und Selbstironie bewahrten ihn davor, sich von seinen vielen Erfolgen allzusehr beeindrucken zu lassen. Als Beispiel für seine Art, die Welt mit ironischer Distanz zu betrachten, mag folgendes gelten: 1963 beglückwünschte mich Meili, der ehemalige Nationalrat, zu meiner ersten Wahl ins Parlament mit den Worten: «Ich gratuliere Ihnen zur Wahl in das langweiligste Parlament der Welt.»

Chefarchitekt Hans Hofmann – der Künstler

Zweiter Mann nach Armin Meili war *Hans Hofmann*. Auch er hatte an der ETH diplomiert und sich rasch einen guten Namen geschaffen. Im Gegensatz zu Meili war er eher ein *künstlerisch* veranlagter Charakter. Zusammen mit dem Winterthurer Adolf Kellermüller, einem nüchternen Organisator, betrieb er ein angesehenes Architekturbüro. Zudem hatte er sich bereits in den zwanziger Jahren auf die Organisation von Ausstellungen spezialisiert und hier einen eigenen Stil entwickelt. Konsequent vertrat er die *Idee thematischer Ausstellungen* anstelle blosser Produkteschauen. Auch hatte er intensiven Anteil an den Vorbereitungsarbeiten für die Landesausstellung genommen: Bereits *1929* unterbreitete er der damaligen *Studienkommission* ein Projekt mit einer Ausstellung auf beiden Seeufern. Hans Hofmann war also gleichsam von Anfang an dabei, seine *Wahl zum Chefarchitekten* der Landi deshalb ein natürlicher Vorgang.

In dieser Eigenschaft hatte er das genaue Konzept zu entwickeln und die 27 weiteren vom BSA (Bund Schweizer Architekten) vorgeschlagenen Architekten in ihrer Arbeit zu koordinieren. Hofmann hat sich seiner Aufgabe *mit Bravour* entledigt. Dabei war sich das Organisationskomitee bewusst, dass es nicht einfach sein würde, zwei Architekten so eng zusammenarbeiten zu lassen. Man gibt denn auch kein Geheimnis preis, wenn man festhält, dass zwischen Meili und Hofmann *Spannungen* bestanden. Hans Hofmanns Witwe Marta, die, heute 84jährig, in voller geistiger und körperlicher Regsamkeit in dem von ihrem Mann erbauten Haus in Witikon wohnt, meint dazu: «Zwischen meinem Mann und Armin Meili ist es nie zu einem Konflikt gekommen.» Doch fügt sie leiser bei: «Am Tag nach der Eröffnung fuhren wir nach Holland in die Ferien, und kurze Zeit später musste sich mein Mann einer Gallenblasenoperation unterziehen.» Hans Fischli schildert, dass Meili jeweils am Montagmorgen um 8 Uhr Rapport abhielt, Lob, Tadel und neue Aufträge verteilte und Hofmann jeweils schon zum voraus diesen Montagmorgentermin fürchtete.

Für unsere heutigen Verhältnisse erstaunlich war jedoch, dass die beteiligten Persönlichkeiten durchaus nichts von ihren Differenzen an die Öffentlichkeit dringen liessen. Die Idee der Kollegialbehörde war damals noch selbstverständlich. Man fühlte sich als *verschworene Gemeinschaft*. Angesichts der *Arglist der Zeit* empfand man sich als Nachfolger der Eidgenossen auf dem Rütli und rückte zusammen. Für Hofmann war diese stete Einordnung wohl die schwierigere Aufgabe als für Meili. Er hat sich ihr aber mit bewundernswerter Disziplin unterzogen. Als Beweis für seine *Hingabe an die Pflicht* mag folgender verbürgter Bericht gelten: Als Hofmann (erst 60jährig) von einem Herzinfarkt ereilt und von seinem Arzt als Notfall ins Spital angemeldet wurde, verlangte er, mit dem Taxi zur Rückversicherung (einer seiner letzten Bauten) gefahren zu werden, und gab dem Bauführer letzte Anweisungen, bevor er zum Spital weiterfuhr – das er nicht mehr lebend verlassen sollte.

Chefbauleiter Heinrich Oetiker – der Buchhalter
Eine der gefährlichsten Klippen bei der Fertigstellung der Landi war Anfang 1938 zu überwinden. Hans Fischli erinnert sich noch gut daran, dass der von ihm erstellte provisorische Kostenvoranschlag schon durch die eingereichten Offerten der Unternehmer gewaltig überschritten wurde. Man stand vor einem *finanziellen Debakel*. Meili und Hofmann kamen überein, dass ein erfahrener Fachmann die Offerten überprüfen, die Bauten notfalls reduzieren müsste. Man fand diesen Retter in der Not in der Person von *Heinrich Oetiker*.

Oetiker war Teilhaber der Architekturfirma Kündig und Oetiker, die den Auftrag für die «Fischerstube» erhalten hatte. Oetiker war genau der richtige Mann für die heikle Aufgabe. Immer freundlich und jovial verstand er es, die Wogen zu glätten. Doch verbarg sich hinter dem äusserlich ruhigen Wesen ein unerbittlicher Wille, jede Offerte peinlich genau zu überprüfen und überall nach *preiswerteren* Varianten zu suchen. Alle Augenzeugen sind sich einig, dass Oetiker wesentliche Verdienste am Erfolg der Landi zukommen.

Da er als Fachmann empfohlen worden war, übertrug man ihm nach seiner Wahl in den Zürcher Stadtrat das Bauamt II (Hochbau). Die gleichen Qualitäten zeigten sich nun auch in der öffentlichen Verwaltung. Er verstand es, mit der verbreiteten Tradition aufzuräumen, wonach man bewilligte Baukredite sorglos überschritt. In der Ära Oetiker unterblieben Kostenüberschreitungen. Und da sein Nachfolger die gleiche Praxis befolgte, gab es in der Stadt Zürich während beinahe eines Vierteljahrhunderts praktisch keine Kreditüberschreitungen bei Hochbauten – eine politische Tugend, die wohl nur in der Schweiz denkbar ist.

Hans Streuli und Emil Klöti

Neben diesen vollamtlich tätigen Hauptverantwortlichen seien der Präsident und der Vizepräsident des Organisationskomitees nicht vergessen. Regierungsrat *Hans Streuli* gelangte als Nachfolger seines Namensvetters Rudolf Streuli zum Amt des Präsidenten. Auch er war ursprünglich Architekt von Beruf. Als Charakter wirkte er nicht weniger bestimmt als die bereits geschilderten. Streuli war ein unermüdlich tätiger Schaffer, sparsam, genau, konsequent beim Verfolgen seiner Ziele. Mit solchen Eigenschaften erschien er dem vielfältigen Volk von Landierbauern durchaus nicht immer als angenehmer höchster Chef. Jedoch war er der Landi in den oft harten Verhandlungen, zum Beispiel mit «Bern», ein wertvoller Fürsprecher. Hohes Lob bezeugen alle noch lebenden Zeitgenossen dem Vizepräsidenten *Emil Klöti*. Er hatte die Idee einer Landesausstellung von Anfang an begrüsst und die mögliche Bedeutung für Zürich wohl frühzeitig erkannt. Mit seiner grossen Bau- und Verwaltungserfahrung konnte man auf Klöti als verlässlichen Ratgeber zählen.

Lässt sich über die geschilderten Persönlichkeiten etwas *Gemeinsames* aussagen? Sie alle waren es gewohnt, als *Autoritäten* aufzutreten. Es drückte sich dies schon in der Kleidung aus. Bei jedem auch nur einigermassen offiziellen Anlass trug man ein schwarzes Veston und dazu schwarz-grau gestreifte Hosen. An Tagen, wo man sich heute zu einem dunklen Anzug aufrafft, trug man einen Frack. Auch trat man ausser Haus nie ohne Hut auf. Vermutlich besteht ein Zusammenhang zwischen der unerbittlichen Praxis, interne Spannungen nicht nach aussen dringen zu lassen, und dem Anspruch auf Respekt von seiten der Öffentlichkeit. Von Meili bis Klöti war jeder auf seine Art ein Herr.

Jugenderinnerung eines Historikers

Von Peter Stadler

Wer die Landi selber noch bewusst erlebt hat, dann aber *als Historiker* aus der Distanz eines halben Jahrhunderts und in Kenntnis der heute gängigen Urteile über sie schreiben soll, findet sich in einem gewissen Zwiespalt. *Damals* war man, obwohl als jugendlicher Mensch (geb. 1925) nicht einmal unkritisch, vor allem beeindruckt, *ergriffen,* und dies in doppelter Hinsicht. Das Erlebnis des eigenen Landes, in wirksam dargebotener Verdichtung und landschaftlich schön eingebettet, war ebenso faszinierend wie das Erlebnis der Modernität. Beides ergänzte und durchdrang sich zum Bewusstsein, in einem Land zu leben, das sehr eigenartig und von allen Ländern unterschieden war und doch auf der Höhe seiner Zeit stand, nicht einfach versunken in gemütvoller Abseitigkeit. Zu beiden Grundeindrücken kann ich auch heute, als Historiker, noch durchaus stehen. Es war ja schwierig, eine Ausstellung zu konzipieren, die sich von den herkömmlichen Mustermessen unterschied, die den Willen zu einer übernationalen Nation demonstrierte, ohne in Zersplitterung oder leeres Pathos zu verfallen. Anderseits ging es eben auch darum, einem seiner Mentalität nach konservativen Volke den Grad erreichter Modernität vorzuführen, ohne durch provozierende Abstraktion anzustossen und die Gesamtwirkung zu gefährden.
So kam es zu einem geglückten Nebeneinander von mehr traditionellen Werten, die sich auf dem rechten Seeufer im Heimatstil aufgehoben fanden, und der kühnen Konzeption des linken, mit dem Höhenweg als verbindender Arterie. Durchblättert man heute die Bildwerke jenes Anlasses, so erstaunt man über die immer noch beeindruckende Fortschrittlichkeit mancher Architektur von damals, etwa des Aluminiumbaus für die Industrie, der Chemiehalle oder des Interpharmaturms. Solche Beispiele demonstrieren zugleich die Resistenz und Kontinuität der Moderne. Kaum zu denken, dass Ausstellungsbauten aus den 1880er Jahren ein halbes Jahrhundert später noch eine vergleichbare Wirkung erzielt hätten.

Modernität und Bodenständigkeit

Aber das Pathos, wirkte und wirkt es nicht irgendwie *faschistoid?* Zwei Jahre zuvor hatte ich Paris und die *Weltausstellung von 1937* besucht. Da konnte man selbst als Kind wahrnehmen, was pathetische Architektur wirklich war – die damals neuerrichteten Monumentalanlagen des Palais de Chaillot, die das alte Trocadéro ersetzt hatten (wie um die gleiche Zeit in Zürich das neue Kongressgebäude die alte Tonhalle ersetzte). Dann in merkwürdig übereinstimmendem Pomp längs der Seine das Gegenüber des sowjetischen und des deutschen Palais; das erstere von einem jugendlichen, Sichel und Hammer schwingenden Athletenpaar, das letztere von einem etwas unsicheren Reichsadler (mit dem einen Auge schaut er auf den Sowjetpavillon, mit dem anderen auf den des Vatikans, spottete mein Vater) gekrönt. Das alles wirkte viel monumentaler und «faschistischer» als irgendein Bauwerk der Landi. Pathetisch auf seine Art wirkte aber auch Picassos eben vollendetes Guernica-Gemälde im spanischen Pavillon – für mich, der ich natürlich traditionellen Historienbildern den Vorzug gab, zu abstrakt, wenn auch auf wirre Art beeindruckend. Anschaulicher waren im selben Gebäude dann schon die vielen Fotos zerstörter Spitäler, Kinderheime und Schulen. Im deutschen Pavillon gab es ein Gedränge um ein, wie mir schien, höchst mittelmässiges Kino – erst nachträglich erfuhr ich, dass ich erstmals ferngesehen hatte.

Was aber jener *Exposition mondiale* völlig abging, war eben das, was die Stärke der Landi ausmachte, das Idyllische und Gemüthafte, das doch nicht ins Banale umschlug. Der Kitsch kam dann eigentlich erst mit gewissen musikalischen Umrahmungen («s Landidörfli») hinzu; das Landidorf selbst wirkte solid und bodenständig, allenfalls etwas aufpoliert, aber keineswegs geschmacklos. Dieses *Doppelantlitz von zeitgemässer Modernität und Bodenständigkeit,* welches die Landi kennzeichnete, macht sie auch heute noch für den Historiker interessant. Interesse heisst bekanntlich Zugegensein, und es war eben die *Integrationswirkung* auf weite Kreise, die ihre Bedeutung über alle vergleichbaren Darbietungen hinaushebt. Weltanschauliches Bekenntnis wurde nicht verdrängt, sondern an den Zuschauer herangetragen. Die Christlichkeit der Schweiz trat z. B. stärker in den Vordergrund, als dies Jahrzehnte zuvor oder später der Fall gewesen wäre. Die Zeit war zu ernst für Konfessionslosigkeit oder gar Atheismus. Randgruppen kamen kaum zu Wort. Einordnung wurde grossgeschrieben; asoziales Verhalten galt als egoistisch und unschweizerisch. Die *Pflege der Tradition,* die für heutige Begriffe beinahe etwas Kultisches hatte, diente dem Bewusstsein der Verbundenheit mit der Vergangenheit, der *Eingebundenheit* in sie. Das galt gerade auch für *Kultur und Kunst.* Man vermied Brüche wie 1914, da man eine – für damalige Begriffe – ultramoderne Kunst in ein biederes Ausstellungsensemble hineinverpflanzt hatte. Vertreter eines neuen Realismus wie Paul Bodmer und Hans Erni hatten mit ihren Fresken eine grosse Zeit; sie prägten die Erinnerung auch solcher Besucher, welche die Künstlernamen kaum im Gedächtnis behielten. Abstrakte Kunst fand, soviel ich mich entsinne, 1939 kaum einen Platz, jedenfalls ist mir nichts Derartiges in Erinnerung geblieben. Das lag sicher im Zuge der Zeit, da selbst ehedem moderne Maler wie Cuno Amiet den Weg zur neuen Realität eines gehobenen Heimatstils gefunden hatten. Konzessionen also, vielleicht auch ein Schuss Anpassung an eine Zeit, in welcher Experimente weitgehend ausgespielt hatten – im hitlerischen Berlin übrigens ebenso wie im stalinistischen Russland und selbst anderswo. Modernität lag mehr im Technischen als in der Kunst; selbst Honeggers an der Landi uraufgeführtes Oratorium *Nicolas de Flue* wirkte sehr viel zugänglicher als seine in den zwanziger Jahren entstandenen, damals oft als atonal empfundenen Werke. *Bodenständigkeit war gefragt,* auch von den Intellektuellen wurde sie verlangt, und diese fügten sich dem Gebot mitunter nicht einmal ungern.

Nein zur Endstimmung
Man fühlte sich *bedroht,* anders als 1914, da der Krieg eigentlich völlig überraschend und aus heiterem Himmel eine an langen Frieden gewohnte Welt heimgesucht hatte. In den Jahren *nach 1933* dagegen sah man den Krieg Monat für Monat näherrücken; man erkannte, dass die Diktatoren keinen anderen Daseinszweck als den des Krieges verfolgten. Dass dieser Krieg nicht schon 1938

ausgebrochen war, grenzte an ein Wunder; dass er 1939 oder spätestens im Jahr danach kommen würde, schien gewiss. Diese eigentümlich bedrückende Atmosphäre kann der nur sehr schwer nachfühlen, der in einem Europa ohne Krieg aufgewachsen ist. Die Landi ist von dieser Stimmung stark bestimmt gewesen; aber auch vom Willen, *keine Endstimmung* aufkommen zu lassen. *Die Schweiz kann sich verteidigen* – dieses Motto bestimmte den Wehrpavillon mit seiner Ausstellung moderner Waffen, an denen man sogar herumhantieren – lies: sich einüben – konnte. Wer damals von einer Abschaffung der Armee gesprochen hätte, wäre als geisteskrank oder Landesverräter deklariert worden, allenfalls als eine Kombination von beidem. Das Volk stand hinter der Armee wie nie zuvor; sogar Kommunisten und Frontisten bekannten sich in jenem Sommer – wenn auch mit Hintergedanken – dazu.

Der *Pazifismus* war – wie der *Zürcher Student* damals zutreffend feststellte – völlig *ausser Kurs* gesetzt. Im Unterschied zum Ersten Weltkrieg sind im Zweiten auch keine Fälle von Militärdienstverweigerung vorgekommen. Und so bildete denn auch die *Wehrwille* betitelte Statue den wirkungsvollen Schluss des Höhenweges; sie erfüllte einen Raum, den der Schweizer entblössten Hauptes (damals trug man noch Hüte) durchmass. Es war von grosser Bedeutung gewesen, dass die Sozialdemokratie und damit die Arbeiterschaft sich wenige Jahre zuvor zur Armee bekannt hatten; das Bürgertum verlor seinen Feindcharakter angesichts der so viel bedrohlicheren Gefahr, die vom Nationalsozialismus ausging, diesen Sozialistenzertrümmerer par excellence. Zwar war die SPS nach wie vor von der Landesregierung ausgeschlossen. Das blieb ein Schönheitsfehler, der in zunehmendem Masse auch von der Bourgeoisie als solcher erkannt wurde. Kein Geringerer als Ernst Gagliardi prangerte diese Anomalie im Schlusskapitel der 1939 erschienenen letzten Ausgabe seiner *Geschichte der Schweiz* an.

Die *Bundesräte* des Landijahres waren zwar nicht durchwegs populär, aber doch akzeptiert. Nationale Disziplin waltete vor und hielt allfällige Kritik in Grenzen; die Medien waren unentwickelt; es gab noch keine Schweizer Wochenschau; Interviews mit Bundesräten fanden praktisch nicht statt. Nur ein kleiner Teil der Schweizer kannte sie vom Ansehen (denn auch die Zeitungen brachten wenig Bilder); als ich sie am Eröffnungstag der Landi beisammen sah, war ich ob ihrer zum Teil recht altmodischen Gewandung erstaunt. Viele trugen Gehrock und Zylinder, einer (ich glaube Pilet-Golaz) sogar Gamaschen. Diktatoren wirkten zweifellos moderner, uniformer, aber auch unheimlicher. Als Pfadfinder war ich an einem dieser Tage zum sogenannten Ordnungsdienst aufgeboten – ziemlich unnötigerweise, da in dieser ordentlichen Zeit niemand an Unordnung dachte. Dafür sah ich alles aufs beste.

Der grosse Konsens

Ein feierlicher Tag, im Rückblick einer der wenigen, da man seine Zugehörigkeit und *Zusammengehörigkeit* förmlich spürte. Das prickelnd unheimliche Bewusstsein, dass zwanzig Kilometer im Norden ein völlig anderes System mit Diktatur und Konzentrationslagern (über die war man in meiner Familie dank Wolfgang Langhoffs «Moorsoldaten» aufs beste informiert) begann, kann sich der heutige Schweizer mit seinen vier harmlosen Nachbarstaaten kaum mehr vorstellen. Damals reagierte man *übersensibel* auf alle Kritik an schweizerischen Werten.

Wer akzentfrei Hochdeutsch sprach, wurde leicht mit Misstrauen betrachtet: Das galt für Reichsdeutsche wie für Emigranten. Unverdächtig war das Englische, das aber kaum jemand fliessend beherrschte; die angloamerikanische Welle kam erst 1945. Mit den Romands und dem Tessin fühlte man sich verbunden; Welschlandaufenthalte waren verbreitet, die Französischmuffelei lag noch ferne. Das Rätoromanisch als vierte Fremdsprache hatte zwar einen leicht exotischen Beigeschmack, doch begegnete man ihm an ausgewählten Stellen auch in der Landi. Die Schweizer von damals hielten sich zwar für weltoffen, aber die wenigsten hatten aussereuropäische Gebiete gesehen; zumeist Geschäftsleute oder ganz Wohlhabende. Griechenland- oder Ägyptenreisen galten als ein Privileg der Reichen und einiger Gelehrter. Man war eben der Wirtschaftskrise entronnen und ans Sparen gewöhnt; das erleichterte dann den Übergang in die kargen Kriegszeiten. Der Autoverkehr war zwar von zunehmender Dichte, aber unentbehrlich waren diese Fahrzeuge noch kaum, und nach der Benzinrationierung entwöhnte man sich ihrer rasch. Bedrohter Wohlstand also zwischen Zeiten der Knappheit – das war das Signet jenes Jahres 1939.

Natürlich war *nicht alles auf Ernst gestimmt*. Es gab Festgemütlichkeit, viele Wirtschaften, ein Seenachtsfest, dann das von manchen Besuchern als eigentlicher Höhepunkt erlebte Trachtenfest, dem Hörensagen nach elegante Modeschauen und dergleichen mehr. Die Schwebebahn, welche die beiden Ausstellungsteile verband, war technische Sensation und Gag zugleich; sie verlieh dem altgewohnten See gewissermassen eine neue Dimension. Ebenso der köstlich entspannende Schifflibach, eine beinahe genial zu nennende Erfindung. Wohl dem, der dank einer Dauerkarte die Ausstellung, sooft er wollte, besuchen und sie sich regelrecht zu eigen machen konnte.

Daneben gab es *verdrängte Bereiche*, zweifellos. Dazu gehörte etwa die Armut. Die Landi erweckte, wenn man sie sozial hinterfragte – was ich selbstverständlich so wenig tat wie die meisten ihrer Besucher –, den Eindruck bzw. die Illusion, in der Schweiz gebe es fast nur Mittelstand, allenfalls etwas mehr oder weniger gehobenen. Werner Möckli hat in seiner zitatenreichen Dissertation («Das schweizerische Selbstverständnis beim Ausbruch des Zweiten Weltkrieges», Zürich 1973) gezeigt, dass die Festspiele der verschiedenen Kantone darauf angelegt waren, Klassen- und Standesunterschiede *herabzuspielen* und zu bagatellisieren. Das Bauerntum erschien als *gesunde Mitte*, der Schweizerart gemäss. Man ahnte, dass man seiner bald wieder bedürfen würde. Anderes, minder Harmonisches, trat zurück. Die *Trunksucht* (das Drogenproblem jener Zeit) wurde, wenn ich mich richtig erinnere, in irgendeiner Ecke zwar angeprangert, aber diskret und beiläufig. Es gehört zur erwähnten Verdrängung der Randgruppen, dass die *Fahrenden* – deren Vernachlässigung jener Ära neuerdings so schwer angelastet wird – ebenfalls ausgeklammert blieben. Und zwar, wohlverstanden, ohne Anwandlungen schlechten Gewissens. Das Wort des Maréchal Pétain «La place d'un peuple n'est pas sur la route» (er prägte es allerdings im Blick auf den französischen Exode des Frühsommers 1940) bezeichnet auch die Mentalität der meisten Schweizer: *Man* war sesshaft, fuhr allenfalls mal in die Ferien, aber nicht jahrein, jahraus im Lande herum. Ebenfalls verschwiegen blieb (Gedächtnislücke vorbehalten) die doch allbekannte Tatsache, dass es neben Reformierten und Katholiken auch noch *Juden* gab. Man unterdrückte sie zwar nicht wie im

Dritten Reich, beileibe nicht, liebte sie jedoch nicht besonders und tabuisierte ihre Existenz gewissermassen. Nationale Lebenslügen oder Verdrängungskomplexe? Von heute aus geurteilt, vielleicht. Aber die Landi war ja nicht einfach eine ausgestellte Statistik von all dem, was es in der Schweiz auch noch gab. Sie *beruhte auf einem grossen Konsens*. Wer zur Schweiz gehören wollte, musste eben seine Eigentümlichkeiten zurückstecken. Ein Chorgesang kommt auch nicht zustande, wenn jeder sein eigenes Lieblingslied singt.

Symbol des Zusammenhalts
Denn die *Arglist der Zeit*, die Bundespräsident Philipp Etter in seiner Festansprache in Anknüpfung an den Bundesbrief von 1291 heraufbeschwor, bedurfte keines Kommentars. Die Landi wurde zum *Symbol eines Zusammenhalts* für das ganze Land. Ausserhalb der Schweizer Grenzen hörte bald schon jede Geborgenheit auf. Da liegt denn auch, wenn ich recht sehe, das eigentliche und einmalige Vermächtnis jener Ausstellung im Blick auf die kommenden Kriegsjahre. Schwer vorzustellen, wie damals eine überzeugendere Ausstellung hätte aussehen sollen – das mögen Kritiker doch stets bedenken. Mehr als irgend etwas anderes hat sie, die wohl von den meisten Schweizern besucht wurde, jener Generation eine Art *Wegzehrung* mitgegeben. Ich rede vermutlich für Tausende von Zeitgenossen, wenn ich offen gestehe, dass sie für mich das *bleibende Ausstellungserlebnis* meines Lebens geblieben ist. Gewiss, die Expo von 1964 war in mancher Hinsicht raffinierter, aber auch unterkühlter und orientierungsärmer. Die Plastik Tinguelys war gleichsam das Zeichen einer Zeit, welche die Kontrolle über ihre eigene Technik einzubüssen begann. Dieser Befund bestätigt letztlich die These, dass jede übergreifende Ausstellung in einem epochalen *Kontext* steht, der sie bedingt und ihr vom geschichtlichen Erlebnisgehalt her eine bleibende oder auch nur vorübergehende Bedeutung verleihen kann.

Zwischen Tradition und Moderne
Von Georg Kreis

Im Geleitwort zum grossen Erinnerungswerk, das sogleich nach Ausstellungsschluss zum Kauf angeboten wurde, bezeichnete Bundespräsident Philipp Etter die Landesausstellung insgesamt als «wuchtigen Wurf». Im einzelnen würdigte er aber nur zwei Ausstellungselemente: das Dörfli und den Höhenweg. Diese Akzentsetzung ist nicht zufällig. Sie entsprach den Erlebnis- und Erinnerungsschwerpunkten der meisten Besucher. Das *Dörfli* und der *Höhenweg* haben beim zeitgenössischen Publikum so grossen Anklang gefunden und auch spätere Betrachter so sehr in ihren Bann gezogen, dass sie den Gesamteindruck der Landi bestimmten.

Die Landesausstellung von 1939 erscheint – absolut gesehen oder im Vergleich mit ihren Vorgängerinnen – vielen als Ausdruck einer rückwärtsorientierten, ja reaktionären Mentalität allzu biederer Bodenständigkeit, ohne Selbstkritik, ohne Dynamik, ohne Zukunftsvisionen. Es gab sie in der Tat, die Blumentrögli- und Riegelbautenidylle, die Hellebarden-Schweiz und die stolze Ahnengalerie der sogenannten Ehrenhalle. Es gab die mythologische Überhöhung des Bauerntums, das Loblied von der eigenen Scholle, den Kult der Mütterlichkeit u. a. Es gab in dieser Ausstellung aber auch anderes: zahlreiche Elemente, welche als Ausdruck einer durchaus *modernen Mentalität* zu werten sind. Im folgenden soll versucht werden, auch diese Botschaften aufzuzeigen und von dieser Seite her die Funktion der traditionalistischen, historisierenden, statischen Ausstellungsteile zu erklären, wobei unter moderner Mentalität eine aufgeschlossene Haltung gegenüber neueren und neuesten Erscheinungen eines auf permanente Verbesserung bedachten gesellschaftlichen Wandels verstanden sei.

Kein Agrarstaat mehr

Im Bereich der *Technik* war die Präsenz der Moderne gewissermassen automatisch gewährleistet durch die lockende Möglichkeit, die neuesten Errungenschaften einzusetzen und vorzustellen. Die Landi wartete mit einer Super-Gondelbahn auf – der angeblich ersten über einen See gebauten Bahn mit der grössten Spannweite der Welt und (in den Masten) Europas schnellsten Liften. Im Ausstellungsgelände beeindruckten mit 12 000 PS die stärkste Lokomotive der Welt und mit 42 500 PS und 120 t Gewicht ein Generator der Dixence-Werke als «Weltrekord der Ingenieurkunst».

Die Landi von 1939 war – wie ihre Vorgängerinnen von 1883, 1896 und 1914 auch – eine *Leistungsschau*, das heisst eine Demonstration der neuesten Leistungssteigerungen. Der Grossteil der ausgestellten Produkte verkörperte die durch den Leistungswillen vorangetriebene Moderne. Der Besucher war nicht nur von Holz, Ziegel und Schmiedeeisen umgeben. Man zeigte ihm die neuesten Kautschuk- und Kunststoffprodukte, man machte ihm die Verflechtung der schweizerischen chemischen Industrie mit der Weltwirtschaft bewusst und informierte ihn über die Bedeutung der modernen Energiegewinnung.

Die Landesausstellungen wollten indes nicht nur eine Produkte- und Leistungsschau sein. Von Mal zu Mal wurden diejenigen Ausstellungsteile gewichtiger, die auch *gesellschaftspolitische Themen* behandelten. Und es sieht so aus, als ob bereits 1939 die thematische Dimension wichtiger gewesen ist als die rein produktionsbezogene. Dies trifft allerdings nur hinsichtlich der Resonanz beim Publikum zu, nicht jedoch bezüglich Ausstellungsfläche und Aufwand. War im Produktebereich die Moderne sozusagen von alleine sichergestellt, bedurfte es im Thementeil einer besonderen geistigen Leistung, die gesellschaftspolitischen Fragen zukunftsweisend zu präsentieren. Auch in dieser Hinsicht finden wir moderne Aussagen in der Ausstellung: Aussagen etwa zugunsten der erst 1947 eingeführten allgemeinen AHV und zugunsten des gesamtschweizerisch erst 1971 verwirklichten Frauenstimmrechts. Im Bereich der Kunst blieb die Landi allerdings hinter der neuesten Entwicklung zurück. Man zeigte weder abstrakte noch konstruktivistische Werke. Näher bei der Avantgarde waren dagegen die *Architektur* und das *Design* der meisten Möbel. Die bekannten Aluminiumstühle werden noch heute als modern empfunden.

Konfrontiert mit soviel Moderne, fragte sich ein Berichterstatter: «Ist das noch die Schweiz? Oder ist es ein internationales Stück Europa? Oder gar ein bisschen Amerika?» Da und dort fanden sich tatsächlich zaghafte Anklänge an die amerikanische Moderne an: bei den adretten Liftgirls oder Teddy Stauffers populärer Jazzband. Die Swissair war mit einer Attrappe des modernsten Douglas-Flugzeuges, einer DC-3, präsent, und eine in dieser angeblich so introvertierten und rückwärtsgewandten Ausstellung aufgestellte Europakarte veranschaulichte, zu welchem Zeitgewinn der Luftverkehr dem modernen Menschen verhalf. Es galt die neodarwinistische Parole: «Ein Volk, das nicht fliegt, wird überflügelt.»

Im Landidokumentationsband wird betont, dass die Schweiz seit langem *kein ausgesprochener Agrarstaat* mehr sei. Kritisch wird bemerkt, das Schweizervolk lebe in der romantischen Vorstellung vieler Leute gleichsam als ein Volk von Hirten, Alphornbläsern und Jodlern weiter, als ob sich im Zeitalter der Maschine und des Verkehrs nichts ereignet hätte. Ausstellungstafeln sollten das falsche Bild korrigieren: Nur 22 Prozent der Bevölkerung seien in der Landwirtschaft tätig, 55 Prozent dagegen in Industrie, Handel und Gewerbe.

Nebeneinander von zwei Welten

Die Ausstellung selbst stellte die traditionelle und die moderne Welt kontrastreich nebeneinander. Vom Schifflibach heisst es in einer Schilderung, er habe Natur und Technik miteinander verbunden: «Soeben noch floss der Bach durch stille Auen, und schon wird er von arbeitsdröhnenden Hallen gefasst.» Das *Nebeneinander nicht nur von Welten, sondern auch von Weltanschauungen oder Wertschätzungen* kam andernorts ebenfalls zum Vorschein: Wenn auf der einen Seite die erdrückende Macht des Zementkartells kritisiert und die vermehrte Verwendung von Naturstein propagiert, auf der anderen Seite aber eine Spannbetonkonstruktion als kühne Meisterleistung gewürdigt wurde; wenn die Schönheit der Natur gepriesen und zugleich die Schiffbarmachung des Oberrheins gefordert, wenn das Tragen von Trachten propagiert und das Publikum den Lockungen mondäner Abendroben ausgesetzt wurde.

Die nachträgliche Kritik hat bei der Beurteilung der Landesausstellung von 1939 zwei *fragwürdige Gleichsetzungen* vorgenommen: Sie hat im Dörfligeist und im Geist des Höhenwegs den typischen Ausdruck des Landigeistes und in diesem den Ausdruck des «braunen» Zeitgeistes gesehen. Diese Fehlinterpretation, welche die mehr oder weniger überzeugenden Produkte der *Geistigen Landesverteidigung* vorschnell in die Nähe der nationalsozialistischen Kultur rückt, kann uns hier nicht weiter beschäftigen. Nur etwas sei bemerkt. Mit dem Nachweis des Modernitätsgehaltes allein wäre die Landi in der Tat der geistigen Nähe zum Faschismus nicht zu entziehen. Umgekehrt aber kann dieselbe Landi nicht als faschistisch oder faschistoid qualifiziert werden, nur weil da und dort eine Blut- und-Boden-Romantik zum Ausdruck kommt. Die Moderne mit ihren faszinierenden Superlativen wurde von den deutschen Nationalsozialisten bekanntlich ebenfalls sehr geschätzt; Begeisterung überkam sie nicht nur an heimeligen Lagerfeuern, sondern auch vor gigantischen Kraftwerkbauten.

Ernster zu nehmen ist nun allerdings die Frage, ob die Landi *richtige oder falsche Bewusstseinspflege* betrieben, ob sie Problembilder und Antworten vermittelt habe, die gewissermassen dem Entwicklungsstand der Zeit *entsprochen* haben. Fasst man nur das Dörfli und den Höhenweg ins Auge, müsste man die letzte Frage verneinen und zum Schluss kommen, die Ausstellung habe sich der bedrängenden Gegenwart und erst recht den Herausforderungen der Zukunft entzogen – durch Flucht einerseits in eine idyllische und andererseits in eine pathetische Scheinwelt. Wie wir aber gesehen haben, war die Moderne in ihrem vollen Umfange, mit ihrer ganzen Bedeutung an der Ausstellung durchaus und kraftvoll gegenwärtig. Wenn man vom Höhenweg absieht, der gewissermassen «auf der falschen Seeseite» untergebracht war, befolgte der Ausstellungsplan eine klare *Zweiteilung*: Am linken Seeufer lag das grössere Areal der modernen Welt, hier gab es die Abteilungen Industrie und Verkehr, Baumaterial, Sport und Spital, Medien, Energie usw. Am rechten Seeufer befand sich das kleinere Gelände mit der traditionellen Schweiz, eben dem Dörfli, der Landwirtschaftsausstellung, der Jagdabteilung. Und beide Sphären waren *verbunden* durch die Schwebebahn der Superlative.

Erholung vom Fortschritt
Die Kritik kann allenfalls beanstanden, dass die beiden Sphären nur durch die Gondelbahn miteinander verbunden waren, dass sie nicht wirklich ineinander verarbeitet worden waren. So völlig beziehungslos konnten die beiden Teile der Ausstellung ja nicht sein. Wenn es aber in diesen gegensätzlichen Welten keine Gemeinsamkeiten gab, worin bestand wenigstens der *funktionelle Zusammenhang?* Ein zeitgenössischer Erinnerungsband enthält einen Hinweis, der weiterhilft, der aber der vertieften Deutung bedarf. «Hier suchte der Landibesucher», heisst es über das *Dörfli* in diesem Bericht, «*Erholung* von den Strapazen des jenseitigen Ufers der Technik und *Erheiterung* ob dem erdrückenden Ernst der Weltlage.» In ähnlicher Weise gilt diese Interpretation auch für den Höhenweg. Auch er hatte, obwohl in der konkreten Wirklichkeit auf dem gleichen Ufer angesiedelt, mit seiner triefenden Sinnhaftigkeit ein *Gegengewicht zur materialistischen Moderne* zu

bilden. Er hatte seelische Erholung und Erheiterung zu spenden, wenn vom (übertragen gesprochen) Ufer der hochtechnisierten Zivilisation die meterlangen Blitze des Hochspannungsforschungslaboratoriums leuchteten und dunkle Wolken der Ungemütlichkeit drohten.

Von der Landi ist anerkennend gesagt worden, es sei ihr gelungen, dem in einer Zeit der Bedrohung verstärkten *Bedürfnis nach Selbstvergewisserung* ideal zu entsprechen. Mit Bedrohung ist der machtpolitische Konflikt gemeint, der noch während der Landi zum Ausbruch des Zweiten Weltkrieges führte. Bedrohungsgefühlen, die allenfalls aus dem Erlebnis der Weltwirtschaftskrise zurückgeblieben waren, musste 1939 offenbar nicht mehr direkt entgegengetreten werden. Der Arbeitslosenbestand war in den Jahren 1936–1939 von rund 92 000 auf 32 000 geschmolzen. Die versichernde, Mut und Zuversicht spendende Leistung der Landesausstellung von 1939 wird aus naheliegenden Gründen ausschliesslich im Zusammenhang mit der bedrohlichen Weltlage gesehen. Übersehen wird dabei, dass die Landi wie jede andere Landesausstellung und wie manche andere Manifestation auch die *Funktion* hatte, zur Bewältigung der üblichen und zuweilen ebenfalls als bedrohlich empfundenen Modernisierungsprobleme beizutragen. Man zeigte einerseits den Fortschritt und versah andererseits die Schau mit Elementen, die dem Besucher «Erholung von den Strapazen des jenseitigen Ufers» gewährten. Und was den Nationalsozialismus betrifft: Ohne falsche Gleichsetzungen vorzunehmen, kann man, da wegen der Gleichzeitigkeit Bezüge zur Kultur des Dritten Reiches naheliegen, auch vom Nationalsozialismus sagen, er sei seinerseits ein eigener und inhumaner Versuch gewesen, die entfremdenden Modernisierungsprobleme des 20. Jahrhunderts zu bewältigen.

Der Traum von einer Gegenwelt
Im Prinzip, wenn auch nicht mit der gleichen Dringlichkeit, gab es die *Aufgabe der Modernisierungsbewältigung* immer und wegen des beschleunigten gesellschaftlichen Wandels speziell gegen Ende des 19. Jahrhunderts. Das Dörfli vom rechten Seeufer konnte schon darum nicht einfach das Produkt eines vorherrschenden Zeitgeistes sein, weil es seine historischen Vorläufer hatte. Als Teile romantisierender Gegenwelten waren in der Landesausstellung von *1896* in Genf ein «village suisse» und in der Landesausstellung von *1914* in Bern zum Beispiel der «Röseligarte» angeboten worden. *1883* in der ersten Landesausstellung von Zürich war das Bedürfnis nach Gegenwelten noch nicht so stark entwickelt. Man begnügte sich mit einem grossen Aquarium und einem Palmengarten. Nachts aber träumte (wofür es Belege gibt) schon damals, ein halbes Jahrhundert vor der Dörflizeit, das Bewachungspersonal beim dumpfen Stampfen der Pumpmaschinen den Gegentraum von einer Welt ohne Technik, ohne Handel und Wandel, von einer zeitlosen Zeit, vom ursprünglichen Leben – ohne Moderne.

Réduitgeist – Zeitgeist – Schweizergeist

Von Urs Altermatt

Für Bundesrat Philipp Etter – Bundespräsident im Jahre 1939 – symbolisierte die Landi ein «nationales Heiligtum». Auch wenn man dem Pathos des Bundespräsidenten heute kaum mehr folgen kann, eines muss man gestehen: Die Landi hatte sich mit ihren 10 Millionen Besuchern zu einer *Wallfahrtsstätte* entwickelt, die weit über den Rahmen der Industrie- und Kulturschau hinaus Staat, Gesellschaft und Alltagsleben beeinflusste. Der Historiker Werner Möckli brachte Anfang der siebziger Jahre das nationale Selbstverständnis vor Ausbruch des Zweiten Weltkrieges auf die Formel *Schweizergeist – Landigeist*. In der Tat widerspiegelte der Mythos der Landi mindestens teilweise den *kollektiven Seelenzustand* der damaligen Schweiz.

Geistige Landesverteidigung

Die imposante Statue, die Hans Brandenberger am Höhenweg aufstellte, prägte sich als Kennzeichen der Landesausstellung ein. In trutziger Gebärde symbolisierte das Monument den schweizerischen Selbstbehauptungswillen: den *wehrhaften Schweizer*, eine Soldatengestalt, die den Waffenrock überzieht. Landigeist als *Wehrgeist:* Die Landesausstellung hätte nie eine derartige Bedeutung erlangt, wenn sie nicht in eine Zeit der äusseren Bedrohung gefallen wäre. Die nationalsozialistische Machtergreifung in Deutschland 1933, das faschistische Regime in Italien, der Anschluss Österreichs 1938 und der Einmarsch des Deutschen Reichs in die Tschechoslowakei machten die Gefährdung des Kleinstaates Schweiz deutlich. Man spürte in unserem Lande fast instinktiv die *existenzielle Bedrohung,* die von den faschistischen Staaten auf den Vielvölkerstaat Schweiz ausging. Als politische Willensnation *antwortete* unser Land auf die totalitären Herausforderungen mit einem ideologischen Staatsprogramm, das man *Geistige Landesverteidigung* nannte.

Am 9. Dezember 1938, wenige Monate vor der Eröffnung der Landi, veröffentlichte der Bundesrat eine *Kulturbotschaft,* die staatsbürgerliche Imperative enthielt. «Jeder Staat lebt vielmehr aus der Kraft der geistigen Grundlagen, die ihn geboren und im Laufe seiner Geschichte organisch weitergestaltet haben. Der Staat wird getragen von der Gemeinschaft des Willens und des Geistes, von einer einigenden, alles Trennende und Differenzierende überschattenden Idee, die in der Staatsform ihren wesensgleichen, organischen Ausdruck und ihre natürliche Erfüllung findet», schrieb Philipp Etter, unermüdlicher Promotor der *moralischen Aufrüstungskampagne.* Der Bundesrat wollte «die geistige Eigenart» neu ins Bewusstsein rufen, «den Glauben an die erhaltende und schöpferische Kraft unseres schweizerischen Geistes» festigen und dadurch «die geistige Widerstandskraft» stärken. Als *Grundkonstanten des Staatswesens* galten: «[die] Zugehörigkeit unseres Landes zu den drei grossen geistigen Lebensräumen des Abendlandes und [die] Zusammenfassung des Geistigen dieser drei Lebensräume in einem gemeinsamen Lebensraum», «[die] bündische Gemeinschaft», «die Eigenart und [der] Eigenwert der eidgenössischen Demokratie» und «die Ehrfurcht vor der Würde und Freiheit des Menschen».

Als Gegenbild gegen die totalitären Staaten und Gesellschaften faschistischer und kommunistischer Observanz betonte die offizielle Schweiz das Ideal einer genossenschaftlich-föderalistischen Eidgenossenschaft und wiederholte die Formel von der *Einheit in der Vielfalt.* Nationale Einheit und Volksgemeinschaft, Familie und Scholle waren Schlüsselbegriffe. Der einzelne Schweizer sollte sich nicht in erster Linie als menschliches Individuum, sondern als Glied einer mythisch begriffenen *Volksgemeinschaft* verstehen, die – um die Zeitsprache zu verwenden – aus dem gemeinsamen Erdreich wuchs. Das Landidörfli in der Idylle des Heimatstils mit den schmucken Chalets, den bunten Fahnen und den prächtigen Trachten machte die *Nationalideologie* für alle sinnhaft und dadurch emotional erlebbar. Landigeist gleich Schweizergeist, Landigeist als eidgenössischer Gegennationalismus, als Rückzugs- und Réduitdenken in einer bedrohlich empfundenen Umwelt.

Rückzug in die alteidgenössische Geschichte
Auf die Landibesucher machte die 45 Meter lange Bilderwand grossen Eindruck, die *Otto Baumberger* am Höhenweg gestaltete. Das Fresko enthielt einen grossen Bilderbogen zur Schweizergeschichte von 1291 bis zum Ersten Weltkrieg. Überhaupt war die Schweizergeschichte im Ausstellungsteil auf dem linken Zürichseeufer allgegenwärtig, denn der Landigeist war *rückwärtsgewandt.* Man betrachtete die nationale Geschichte als Jungbrunnen und Quelle der Widerstandskraft. «Ein Volk mit einer Geschichte von 650 Jahren kapituliert nicht», rief an der Eröffnungsfeier der Zürcher Regierungsrat Robert Briner.

Rückbesinnung auf die Vergangenheit, Erinnerungskult – doch was für eine Geschichte? In der Kulturkrise der Zwischenkriegszeit trat eine neue Geschichtsbetrachtung hervor, deren Schlüsselwerk das Buch des katholisch-konservativen Freiburger Schriftstellers *Gonzague de Reynold* war: «La démocratie et la Suisse. Essai d'une philosophie de notre histoire nationale», erstmals erschienen in Bern im Jahre 1929. Geschichte als Geschichtsphilosophie und als *Geschichtskonstruktion,* jedenfalls als eine Angelegenheit, die über die historischen Fakten hinaus zeitlose und übergeschichtliche Werte und Traditionen, Mythen und Symbole sichtbar machte. Indem die Historiker Geschichte als moralischen Imperativ begriffen, verstanden sie sich als nationale Sinn- und Identitätsstifter. Diese Art von Geschichtsdarstellung war keineswegs neu. Neu hingegen war, dass sich selbst die liberale Geschichtsschreibung nun nicht mehr ausschliesslich auf das Datum der Bundesstaatsgründung von 1848 ausrichtete, sondern sich vermehrt auch an der *vorrevolutionären Eidgenossenschaft,* genauer an *1291,* orientierte. In dieser Perspektive bildete der Bundesstaat nicht mehr einen Neuanfang, sondern die Fortsetzung von Bestehendem, die Brücke von der alten zur modernen Schweiz.

Die Befreiungsgeschichte von 1291 erhielt einen höheren Stellenwert im Geschichtskanon. Rütli und Tell, Geschichte und Mythos wurden zu einer einzigen *nationalen Befreiungsgeschichte* zusammengefügt. Zum wichtigsten Symboldatum wurde dabei der 1. August 1291. Dies war keineswegs so selbstverständlich, wie es heute erscheinen mag. Denn noch 50 Jahre zuvor war dieses Datum im Geschichtsbewusstsein der

Schweizer kaum vorhanden und wurde daher auch nicht speziell gefeiert. Andere historische Fixpunkte, so etwa 1308, das Datum der Vertreibung der habsburgischen Vögte, standen damals im Vordergrund. Erst mit der 600-Jahr-Feier der Eidgenossenschaft am 1. August 1891 rückte das Jahr 1291 wieder in den Mittelpunkt des nationalen Geschichtsverständnisses. Der 50jährige Bundesstaat brauchte damals eine historische Legitimation, die weiter zurück als 1848 reichte. Je mehr sich die moderne Schweiz zu einer Industriegesellschaft entwickelte, desto grösser wurde das Bedürfnis, für die innere Stabilität eine patriotische Ideologie zu besitzen, die die liberale und konservative Schweiz *verband* und dem jungen Bundesstaat historischen Glanz vermittelte. Die 600-Jahr-Feier von 1891 erfüllte diesen historischen Zweck und förderte den emotionalen Ausgleich zwischen dem regierenden Freisinn und der katholisch-konservativen Opposition. Der Erste Weltkrieg zementierte diese liberal-konservative Sammlungsbewegung. An der Landi von 1939 stiess die sozialdemokratische Arbeiterschaft zur *nationalen Notstandsgemeinschaft*.

Bei allen Völkern besitzen nationale Feste und Feiern einen pädagogischen Charakter: Sie überbrücken Spannungen und stärken die nationale Identität und Integration. Das galt auch für die Landi. Hans Rudolf Kurz, der als junger Leutnant die Landesausstellung besuchte, schrieb im Rückblick: «Die Landi war die *Barrikade*, der schützende Wall gegen alles Unschweizerische... Sie diente dem Besinnen auf die Schweiz und die schweizerische Eigenart, die so grossartig schön sind, dass es sich lohnte, alles zu tun, um sie zu erhalten und notfalls auch zu verteidigen.»

Angst vor der Moderne

Den Historismus der Landi muss man in den Zusammenhang der damaligen *Zivilisations- und Kulturkrise* stellen. Je grösser das Unbehagen in der Modernität fühlbar wurde, desto stärker äusserte sich der Traum vom vergangenen Goldenen Zeitalter. Insofern stellte die Landi eine *Reaktion* auf die Unsicherheiten der modernen Welt dar.

Der Slogan *Schweizerart ist Bauernart* (E. Laur) bildete eine Art von Beschwörungsformel, um den technischen Fortschritt und das industrielle Wachstum aufzuhalten oder zum mindesten zu bremsen. Wie in allen Krisenzeiten war der Stil entscheidend. 1939 gab der *Heimatstil* der entzauberten technisierten Welt einen Hauch von Zauber und Mythos zurück.

Landigeist als Réduitgeist, als *Rückzugsdenken* in einer unsicher gewordenen Welt. Das defensive Nationalbewusstsein bildete eine Schutzideologie gegen die Modernisierung und Industrialisierung, einen Protest gegen den entfremdeten Alltag des modernen Lebens. Das Bild von der guten alten, ländlichen und vorindustriellen Schweiz mochte die Angst vor Technik und Industrie verdrängen, welche die nationale Volksgemeinschaft in Klassen- und Interessengegensätze aufsplitterte und die nationale Identität zerstörte. Der Landigeist war ein Stück weit *konservativer Antimodernismus*. Als solcher bleibt er in der Schweizer Politik *stets gegenwärtig*, ein Abwehrmechanismus gegen Symbole der modernen Welt, seien diese nun Ausländer, Asylanten oder Atomkraft, Luftverschmutzung oder Nationalstrassen.

Es wäre jedoch *falsch*, diese Sehnsucht nach dem vergangenen Goldenen Zeitalter mit der Landi schlechthin gleichzusetzen. Der Mythos der Landi bezog sich auf jenen Teil der Ausstellung, der auf dem rechten Seeufer angesiedelt war, auf das Dörfli, aber auch auf den Höhenweg. Was auf dem linken Zürichseeufer ausgestellt wurde, die Industrieschau der modernen Schweiz, gehörte auch zur Landi, obschon sie bis heute nicht das gleiche Echo auslöste. Moderne Schweiz im traditionellen Kleid – oder umgekehrt: traditionelle Schweiz mit einer modernen Kehrseite?

Kontroversen um den Stellenwert der Landi

Bereits in den dreissiger Jahren kritisierten Intellektuelle wie etwa der protestantische Basler Theologe *Karl Barth* die Geistige Landesverteidigung als Spottgebilde eines helvetischen Nationalismus, der Kultur mit Heimatschutz verwechsle. Der Kleinstaat Schweiz begegnete dem aggressiv völkischen Deutschtum mit einem defensiv völkischen Schweizertum. Das gehörte zum *Zeitgeist* in der Epoche des Faschismus.

Nach dem Kriegsende von 1945 wurde der *kritische Diskurs* über die helvetische Enge und Selbstgefälligkeit in vielfältigen Variationen weitergeführt: Andorra – Güllen – Jammers hiessen die Kleinbürgeridyllen bei Max Frisch, Friedrich Dürrenmatt und Otto F. Walter. Auch die Historiker machten sich an die *Entmythologisierung* des Mythos Schweiz und schrieben Schweizergeschichten für Ketzer. Eine neue Geschichtsperspektive begann sich unter den Intellektuellen durchzusetzen, eine Perspektive, die den Wandel vor die Kontinuität, den Konflikt vor den Konsens, das Projekt vor den Pragmatismus, die Solidarität vor die Neutralität, das Volk vor die Helden stellte. Die grosse Mehrheit der Aktivdienstgeneration verharrte aber allen Heldendämmerungen zum Trotz in altem Réduitgeist und übertrug in der Zeit des *kalten Krieges* die Abwehrhaltung vor dem Nationalsozialismus auf den Kommunismus. Erst der Ölschock und die konservative Wende um die Mitte der siebziger Jahre entkrampfte die Kontroverse. Man spürte nun allenthalben die Grenzen des Wachstums und zweifelte an der Machbarkeit der Reformprojekte. In der saturierten Wohlstandsgesellschaft, der nichts mangelte als geistige Werte und moralische Ideale, begann man den gestürzten Mythen und Helden *nachzutrauern*. Damit ist die Zeit für eine *historische Standortbestimmung* der Landi gekommen, eine historische Rehabilitation, die die Landi weder als Heimatidylle glorifiziert noch als helvetischen Totalitarismus dämonisiert.

Historische Rehabilitation fällig

Die Landi mobilisierte in der Epoche des Faschismus, kurz vor dem Ausbruch des Zweiten Weltkrieges, die geistig-moralischen Abwehrkräfte des Landes und stärkte die nationale Einheit. Die äussere Bedrohung und der Krieg förderten in einem vorher nicht bekannten Ausmass das *Nationalbewusstsein*. Im Ersten Weltkrieg von 1914–18 war die nationale Identität infolge der Sprachengräben und Sozialkonflikte noch auf unsicherem Fundament gestanden. Nun, in den dreissiger Jahren, wurde in einem gewissen Sinne der moderne schweizerische Nationalstaat geboren. Der äussere und innere Druck beschleunigte die *vollumfängliche Integration* der Konfessionen und Regionen, Klassen und Schichten in den modernen Staat. Auf diese Weise entstand jener *kulturelle Basiskonsens* von Wertvorstellungen und Geschichtsbildern, auf den die politische, soziale und wirtschaftliche *Konkordanz* aufbauen konnte. Zum erstenmal besass nun das gesamte Schweizervolk, Stadt- und Landbewohner, Konservative, Freisinnige und Sozialisten, Katholiken und Protestanten, eine mehr oder weniger gleiche nationale Identität.

Seit den siebziger Jahren macht sich in unserer materiellen Wohlstandsgesellschaft wiederum ein Unbehagen in der Modernität verstärkt bemerkbar. Ist die erneute Diskussion über das Sinndefizit und die nationale Identität die *neue Variante einer alten Debatte?* Wie dem auch sei, wir wissen heute, dass eine Verteidigungsneurose dem Kleinstaat Schweiz wenig nützt, dass der Rekurs auf die Heimatideologie nicht mehr ausreicht. Wir müssen die Welt nicht in der Schweizerperspektive, sondern die *Schweiz in der Weltperspektive* sehen. Die Kleinheit unseres Landes zwingt uns, über die Grenzen hinaus zu denken. Denn die Idee Schweiz ist mehr wert als eine pompös stilisierte Geschichte.

Landigeist?
Von Peter Wegelin

Landigeist: Hat er, kräftig schon, die Landi belebt, oder hat sie ihn erst zum Leben erweckt? Hat die Erinnerung an die schweizerische Landesausstellung in Zürich 1939 ihn gar nachträglich geprägt? Ist der Geist zuerst? Geht die Tat voraus? Stellt erst im Rückblick das Wort sich ein?

«Wo keine Schau ist, verwildert das Volk»

Auf einem Schreibmaschinenblatt notierte *Albin Zollinger* 1938, erfreut über seinen Bibelstellenfund:

> «Jetzt hab' ich genau das Wort, das sagt, was ich in Sorge ums Vaterland immer meinte, wenn ich von der Notwendigkeit einer literarisch-künstlerischen Zeitschrift sprach. Es steht in der Bibel, Spr. Sal. 29, 18, und heisst: ‹Wo keine Schau ist, verwildert das Volk.› Eine Landesausstellung ist aber gewiss nur der unterste, materiellste Teil dieser Schau. (Sie führt sich, mit einer neuerlichen Lotterie, zu der man von Staats wegen das Volk verleitet, erbärmlich genug ein!) Die Schau entfaltet sich im Geistesleben, vor allem in der Dichtung. Dichtung ist Schauen, nicht blosses Sehen. Das Wesen des Schauens ist Synthese, Gegensatz des analytischen Sehens. Nirgends so wie in der föderalistischen Schweiz ist eine Zusammenfassung der Teile dringlich.»

Zusammen mit seinem Freund Traugott Vogel hatte Zollinger in der neuen Wochenzeitung *«Die Nation»* sich im Jahr vor Eröffnung der Landesausstellung heftig ausgelassen gegen deren baulichen Aufwand, aber geistige und künstlerische Armseligkeit. «Für neun Millionen Franken Hohlraum», titelte Vogel am 3. Februar 1938 und schloss: «Neun Millionen verwendet man für Hohlräume; der Inhalt wird sich finden. Und der Gehalt?» Zwei Jahre danach, als Zollinger zwischen Militärdienst und Schuldienst den Künstlerroman *«Pfannenstiel»* abschloss, war darin auf den letzten Seiten zu lesen, wie das heraufziehende Weltgewitter die Mitbürger nicht hinderte, mit der Schau am See ihr Haus zu bestellen:

> «Zwar, sie liessen sich nicht ins Bockshorn jagen, das war wieder eine Tugend ihrer Erdhaftigkeit: Sie arbeiteten auf eine Landesausstellung hin, die sich denn auch zum Ereignis auswuchs. Die Gestade, die ein Jahrzehnt zuvor plastische Kunst des Erdteils so freundlich beherbergt hatten, blühten von Fahnen und Trachten aller zweiundzwanzig Kantone, deren jeder seinen Ehrentag mit Festspiel und Ovationen erhielt. Zu einer Zeit, da im Zank um Minderheiten ständig der Weltbrand schwelte, zwangshafte Völkerwanderungen das Gesetz der Vermischung vergewaltigten, gab die kleine Alpenrepublik das Beispiel der Verträglichkeit unter Sprachen, Rassen, Glaubensbekenntnissen, empfing Zürich mit Brüderlichkeit die Züge der Tessiner, Basler, Genfer, Thurgauer, Bündner, schwatzten die Eidgenossen, auf einmal erschlossen, von den Weinen ihrer herben Erde vergoldet, in den vier Landessprachen durcheinander. Alles war über die Massen erfindungsreich angeordnet und ausgenützt, in einer höflichen Weise zugänglich gemacht und bei allem berechtigten Eigenlob doch nirgends protzig oder pathetisch, nicht ohne Selbstverspottung da und dort; eilfertig wechselte die Schwebebahn zwischen Stadt und Land, zwischen Gewerbe und Bauerntum über die Bucht hinüber und herüber. Es war keine blosse Messe, es war die künstlerisch überlegte Veranschaulichung einer Art mit deutlichem Willen zur Demonstration selbst einer Weltauffassung, mit einer Spitze, sei es, gegen Doktrinen, welche das Ländchen ohne Lebensraum, ohne Kolonien, ohne Meerhäfen nicht anders als mit der Buntheit der Leistung widerlegen wollte. Das Über-Nützliche, die Blüte aus allem, Kunst und Wissenschaft, stellte es mitnichten hintan, baute ihm vielmehr Tempel und gab ihm das letzte Wort überall, wo das Schöne allein noch zu überzeugen vermochte.»

Dem Dichter Albin Zollinger erfüllte die Landesausstellung – *ursprünglichen* Bedenken zum Trotz – die hohe Erwartung auf eine innere Gesamtschau des Landes. Dass der Landi eine besondere geistige Aufgabe zugedacht war, noch ehe sie ihre Pforten öffnete, bekennt nicht allein, aus kritischer Distanz, der Schriftsteller, sondern bekennen auch öffentlich die Verantwortlichen. Was dann bald einmal als *Landigeist* bezeichnet worden ist, lässt sich kurz skizzieren in *vier Leitlinien*, die indessen alle schon in den zwei Jahren *vor* der Landi ihren Anfang nahmen und im Sommer 1939 an den Ufern des Zürichsees nur besonders leuchtend sich ins Bewusstsein hoben: Wachsamkeit – Viersprachigkeit – föderative Gliederung – Solidarität.

«Die Arglist der Zeit ins Auge fassend»

An der Eröffnungsfeier im Grossen Tonhallesaal erinnerte der Präsident des Organisationskomitees, Regierungsrat *Hans Streuli* (der spätere Bundesrat), an die letzte Landesausstellung im Kriegsjahr 1914 und beschwor die «Arglist der Zeit». Damit war offensichtlich dem allgemeinen Empfinden Ausdruck gegeben, denn in der folgenden Ansprache von Bundespräsident *Etter* vernahmen die anderthalbtausend Gäste: «Malitiam temporis attendentes – die Arglist der Zeit ins Auge fassend! Diese Worte, die im ersten Bundesbrief der Eidgenossen stehen, könnten wir auch auf das Eingangsportal unserer Landesausstellung schreiben.»

Die Zuhörer waren aufgerufen, die stille Verschwörung zu erneuern, gegen Bedrängnis von aussen sich zu behaupten: Vor einem Jahr, im März 1938, war über Nacht die deutsche Wehrmacht im östlichen Nachbarland einmarschiert und hatte Österreich als Ostmark dem Dritten Reich einverleibt. Und nun, vor wenigen Wochen, hatte Hitler, das Münchner Abkommen missachtend, die Tschechoslowakei liquidiert. Kein Wort in der Rede des Bundespräsidenten nannte die Ereignisse beim Namen, aber die Hörer kannten sehr wohl diese «Arglist der Zeit». Dreifach gerüstet war ihr zu trotzen, fürs erste im

Bekenntnis zur übersprachlichen Einheit,

wie der Bundespräsident das Ausstellungswerk deutete, denn «Zürich liegt im Treff- und Brennpunkt der italienischen, der welschen, der deutschen und der rätoromanischen Schweiz». In allen vier Landessprachen prägten die kurzen Anschriften und Sinnsprüche sich dem Betrachter ein, wenn er nach dem Eingang dem Höhenweg folgte.

Zweimal hatte die schweizerische Öffentlichkeit diesem Leitgedanken bereits zugestimmt: Am 20. Februar 1938 hatten Volk und Stände einhellig durch Verfassungsänderung Rätoromanisch zur vierten Landessprache erklärt, und in der eben vergangenen Märzsession hatten beide eidgenössischen Räte einstimmig den Bundesbeschluss zur geistigen Landesverteidigung verabschiedet. In seinen Botschaften hiezu hatte der Bundesrat bereits vor der Ausstellung die «Eigenart unseres staatlichen Wesens» bündig in Worte gefasst. Als *«Gemeinschaft des Geistes»* über die Sprachen hinweg pries er die Anerkennung der vierten Landessprache. Als einen «staatgewordenen Sieg des Geistigen» über einseitige Rassengemeinschaft bezeichnete die Botschaft zur Kulturwahrung und Kulturwerbung «die Zugehörigkeit unseres Landes zu den drei grossen geistigen Lebensräumen des Abendlandes». Diese Botschaft vom 9. Dezember 1938, eine Magna Charta eidgenössischer Kulturpolitik, war Philipp Etters persönliches Werk.

Sie hatte auch einen weiteren Wesenszug als Konstante im Antlitz des Landes bezeichnet, die

bündische Struktur,

wie die Landesausstellung sie dann zum Erlebnis werden liess, wenn der Besucher den Raum zur Bundesgeschichte verliess und auf dem Höhenweg unter freiem Himmel die Fahnen der dreitausend Schweizer Gemeinden in festlicher Buntheit über sich flattern sah. Noch deutlicher bot sich die innere Vielgestalt des kleinen Landes, aufgefächert nach Eigenarten, dar im Reigen der volksfestlichen Kantonaltage mit Umzügen über die Bahnhofstrasse in die Ausstellung. «Unser Bundesstaat saugt seine Elemente nicht auf. Er fasst sie nur bündisch zusammen», so dass die vielgestaltige Eigenart zum stärksten *Wall* wird gegen totalitäre Gleichschaltung. Auch dem Einzelnen bietet die bündische Struktur menschlich überblickbaren Lebensraum, wirksame Voraussetzung für ein Drittes, die

Probe eidgenössischer Solidarität,

die den Bundespräsidenten «an diesem Ehrentag schweizerischer Arbeit den unbekannten Arbeiter» grüssen und den sozialen Frieden feiern liess. Die nachfolgende Eröffnungsrede des sozialdemokratischen Zürcher Stadtpräsidenten *Emil Klöti* (vor wenigen Monaten war ihm bei der Bundesratswahl vom Parlament ein bürgerlicher Zürcher vorgezogen worden) stimmte ein in das Lob des Arbeitsfriedens. Dieser hatte sich für die Ausstellung in den terminstrengen Monaten des Aufbaus bewährt (Ausstellungsdirektor Meili hatte sogar noch den 1. Mai als ausnahmsweisen Arbeitstag aushandeln können). Diese dritte Voraussetzung für das Bestehen vor der Arglist der Zeit war ebenfalls *in den Vorjahren* herangewachsen, nicht von Staates wegen und nicht durch laute Proklamation, aber auf dem wirksamen, pragmatischen Weg der *Verständigung* unter Partnern, als Friedensabkommen in der Maschinen- und Metallindustrie im Sommer 1937.

Die geistige Landesverteidigung und ihr volksnaher Ausdruck in der Landi hat von seiten gegenwartsbezogener Geschichtsschreiber *Ablehnung* erfahren. Diese müssten zur Kenntnis nehmen, wie gewissenhaft in den Jahren des Krieges und in den Monaten der Landi bereits *Vorbehalte* geäussert wurden:

«Ausbruch aus der geistigen Reduitstellung»

Als Bundesrat Philipp Etter, ein Haupt der geistigen Landesverteidigung, in den letzten Wochen des Krieges im Parlament eine Anfrage von Nationalrat Theodor Gut (Stäfa) zu beantworten hatte, erklärte er am 21. März 1945, es werde sich «nach dem Kriege eine neue Aufgabe stellen, die jener während des Krieges direkt entgegengesetzt ist und die ich mit einem einzigen Satz umschreiben möchte: *Ausbruch aus der geistigen und kulturellen Reduitstellung,* in die wir ohne unser Verschulden uns gedrängt sahen». Das war auf den Tag sechs Jahre, nachdem Etter im Ständerat bei der Debatte zum Bundesbeschluss über die geistige Landesverteidigung seinem Fraktionskollegen Piller, der die Aufgaben der Stiftung Pro Helvetia direkt dem Departement überbinden wollte, entgegengehalten hatte: Man müsse «sich davor hüten, auf dem Wege der Verteidigung Methoden anzuwenden, die in ihrer Weiterführung gerade zu der Substanz führen, gegen die wir die Eigenart unseres Landes verteidigen wollen. Das, was Herr Ständerat Piller vorschlägt, ist ein derartiger Weg ... Sie schaffen ein Kulturministerium, ein Propagandaministerium, und der ganze Apparat ist dem Bund, dem Staat ausgeliefert, was ich persönlich nie akzeptieren könnte.» Der Vorsteher des Departements des Innern hatte, ohne Namen zu nennen, aber mit aller Deutlichkeit, das Schreckgespenst des Reichspropagandaministers Joseph Goebbels an die Wand gemalt und mit 25 zu 2 Stimmen die Verwerfung des Antrags Piller bewirkt.

Auf der Titelseite der *Neuen Zürcher Zeitung* war am 3. Mai 1939, drei Tage bevor sie Etters Eröffnungsrede zur Landesausstellung brachte, ein Beitrag von *Karl Barth* zu lesen mit unbequemen Fragen: «Sind wir der schweizerischen Kultur treu, wenn wir, ganz bestimmten ausländischen Vorbildern folgend, nun ebenfalls einen *Mythos,* den Mythos der schweizerischen Freiheit, uns anschaffen und ... wenn wir nun ebenfalls eine Art geistiger Autarkie auf der Grundlage unseres viersprachigen Volkstums proklamieren ..., wenn wir nun ebenfalls Kultur und Heimatschutz verwechseln?» Dem Theologen war, wie dem Staatsmann, im Landi-Jahr bewusst: geistige Verteidigung, die den Geist sich zu verkünden treibt, lässt ihn auch leicht sich verraten. Selbst was in heiligem Eifer dem Bösen der Zeit als Widerrede entgegengeschleudert wurde, hört heute sich an wie dessen billiges

Echo. Auch Bundesrat Etter ist dem nicht entgangen, wenn er z. B. die Landesausstellung als «eine Mobilmachung des schweizerischen Geistes» begrüsste.
Noch während der Landesausstellung, vor Ausbruch des Krieges, brachte die *Neue Zürcher Zeitung* eine Glosse von Albin Zollinger «An den Mann, der den Hut nicht abnahm». Darin hat der Dichter mit seismographischem Gespür festgestellt: «... allein es tritt nun die sonderbare, auch anderwärts beobachtete Erscheinung ein, dass der Angegriffene das Gesicht des Angreifers annimmt, Dinge, zu deren Abwehr wir antraten, zu unserer eigenen Gewohnheit werden.» Gewissenhafte *Selbstbeobachtung* gehört mit zum schweizerischen Selbstverständnis im Landigeist.

Leuchtturm auf umbrandeter Insel
Von Emil Egli

1938 (29. September): Das verhängnisvolle *Münchner Abkommen* übergibt die sudetendeutschen Gebiete und damit auch die tschechoslowakische Verteidigungslinie und die Skoda-Rüstungswerke dem Dritten Reich. Es fallen die berühmten Worte Hitlers «Das ist die letzte territoriale Forderung, die ich in Europa zu stellen habe...» und des englischen Premiers Chamberlain «Peace for our time!». In der Schweiz war niemand versucht, wie irrtümlich andernorts, diesen «Frieden» zu feiern. 1939 (15. März): Chamberlain muss dem Unterhaus die Mitteilung machen: «Die Besetzung Böhmens durch deutsche Streitkräfte begann heute morgen um sechs Uhr...» Zwei Tage später bezichtigt er in einer Rede Hitler eines flagranten persönlichen Wortbruchs und fährt weiter: «Ist dies der letzte Angriff auf einen Kleinstaat, oder sollen ihm noch weitere folgen? Ist dies nicht tatsächlich ein Schritt in der Richtung eines Versuchs, die Welt mit Gewalt zu beherrschen?»
Trotz dieser in der Luft schwelenden Frage lief die Aufbauarbeit an der Landesausstellung in ruhigem Enthusiasmus. Jeder hatte begriffen, dass diese Landi nicht eine übliche Propaganda war, sondern eine *Mission*. Das *Friedensabkommen 1937* in der schweizerischen Industrie mag zum kreativen Gemeinschaftsbewusstsein beigetragen haben. Wie immer war schliesslich Beschleunigung nötig. Der Direktor griff zur freundlichen Präsenz und heftete jeden Tag jedem Brief und

jedem internen Schriftstück einen Zettel an: «Wir haben nur noch 41..., 40..., 39 Tage bis zur Eröffnung...» Sie klappte stundenpünktlich und vollendet auf den sonnen- und menschenstrahlenden 6. Mai 1939.

Neben allem glänzend Propagandistischen, das eine Landesausstellung dem Bürger und der Welt sichtbar macht, gab es hier nun jenes in dieser Weise noch nie Gesehene: den *Höhenweg*. Er zog sich – ein architektonisch genialer Wurf – über das Ausstellungsareal des linken Seeufers hinweg (700 m lang, 7 m breit), wo man in eine tatsächliche Stille und ungestörte Besinnung emporgehoben war. Über dem Wunder versprechenden Eingangstor schwebte eine weisse Figur der Schönheit mit leicht wehendem Band, welches das Schwebende betonte und des Eintretenden Augen aufrichtete zum Gefühl des Empfangenwerdens (Plastik von Walter Knecht). Was ihn erwartete, war die reale und zugleich metaphysische Schweiz, war *sichtbar gemachter Geist*. Jeder, der hier eintrat, wurde ruhiger Wanderer. Man ging mit dem Freund, mit der Geliebten am Arm; sprach selten. Das Feierliche redete. Man ging wiederholt.

Wanderung auf dem Höhenweg

Aufzuzählen nun ist sinnlos. Besser folgen einige Hervorhebungen. Es ging alles ineinander über, vom Kristall bis in die Halle mit den drei Kreuzen: dem christlichen, dem Kreuz der aktiven Humanität und dem Kreuz des Schwurs, vom Rütli bis zum Fahneneid. Keiner, der hier nicht still den Hut in die Hand nahm. Aber natürlich gehörte schon früh in die Wanderung der facettenreich dargestellte Lebensraum. «Wie eines Menschen Schicksal bestimmt ist durch die Zeit, in der er geboren, so ist es das Schicksal eines Volkes durch die ihm angewiesene Stelle im Raum» (Max Huber). Diese ist auch *Psychotop* für den Einzelnen. Es kam erneut zum Ausdruck in den zwölf Dorfkojen mit der bildhaft örtlichen Lebenseigenart. Chronologisch zum Bund aufblühende Kantonsfahnen lehrten in origineller Weise Geschichte. Und wieder blieb man stehn, vor dem *Wehrmann,* der den Waffenrock anzieht (Werk von Hans Brandenberger), und trat nochmals zurück vor diesen Mann der Bereitschaft und Entschlossenheit, der einprägsamer blieb als die grossartige Waffenschau. Die *Frau* ist mehrfach gewürdigt, am ausdrücklichsten als Familienhüterin, und könnte so eigentlich dem Wehrmann zugeordnet sein. Die fünfzigfältige Muttersprache, ins Wehrhafte vitalisiert, kam im Auditorium der Tonbildschauen zu unangefochtenem Literaturrang. Man schritt langsam, die prägnanten Texte Georg Thürers lesend, das 45 Meter lange *Wandbild Otto Baumbergers* ab: «Anfang und Inhalt unseres Bundes»... Und trat in die lichtgedämpfte Halle des Bundesbriefes, trat, von einem zum andern, an die vier Leuchttische, leicht erhöht auf Granitplatten, wo sie je in einer der vier Landessprachen aufleuchteten. Das grosse *1291* stand im Raum – und füllte ihn mit hereinwehender Gegenwartswelt und Aktualität des Schwurbriefes. Ein Raum der Stille war auch die Halle der *Porträtgalerie* von 160 durch Geist und Tat schöpferischen Männern und Frauen, wo der Blick des Wanderers verweilend in den Antlitzen forschte. Und welch wunderbare Dankidee war es, sie alle, die in der Schweiz keine Orden zu erwarten hatten, gemeinschaftlich mit einem hohen Sterngewölbe von zahllosen Schweizerkreuzchen zu ehren. Der Ausgang führte unter den *Fahnenhimmel* der dreitausend Gemeindewappen. Mancher suchte forcierten Nackens seiner Bürgergemeinde Emblem. Aber allen sprach dieser buntester Himmel, den man je gesehen, als Ganzes ein einziges Wort, das in der weiten Ausstellung nirgends aufdringlich prangte und doch immer wieder ins Herz sprang: Demokratie. Land der Gemeindeautonomie. Vielen standen damals Tränen in den Augen. Man stand auf dem freien Platz mit der weissen Plastikgruppe von Otto Charles Bänninger: Pferd und Mann in gemeinsam gespannter und gebändigter Kraft. Dahinter die weite Seelandschaft – Natur und Kultur.

Gespaltene Welt – einige Schweiz
Drohende Daten hatten durchaus weiter auch in das grosse Schweizerfest gegriffen. 22. Mai 1939: Hitler und Mussolini schliessen in Berlin den sogenannten Stahlpakt, besonders gegen westliche Demokratien gerichtet. 23. August: Hitler/Stalin, deutsch-sowjetischer Nichtangriffspakt. Das Eidgenössische Militärdepartement mobilisierte am 29. August die Grenztruppen. Am 30. August wählte die Vereinigte Bundesversammlung den General. Durch das ganze Schweizervolk ging stiller Jubel der Zustimmung: ein Welscher! – Henri Guisan.
Am folgenden Vormittag war eine Gymnasialklasse auf dem Höhenweg. Spannung lag natürlich in Raum und Stunde – und besonders auch in dieser Klasse, die schon lange drei hartgewachsene Nazitöchter unter den Mitschülerinnen parierte. Die Klasse liess sich in das Irrationale des Höhenweges aufnehmen. Der Geist der grossen Hallen und des Fahnenhimmels antwortete aus den jungen Augen. Allerdings, das Nein als Trotz war in drei Gesichtern stehengeblieben. Der Spalt, der schon die Welt zu teilen begann, ging durch die Klasse. Wie verschieden war, was *Anrede* auf den zwei Seiten des Hochrheines aus *verborgenen Kräften* hatte aufsteigen lassen. Ich verabschiedete mich von allen mit Händedruck, ging, etwas Entspannung suchend, langsam über den weiten Platz mit Bänningers Pferdegruppe. Der See glänzte. Ein Schulmädchen jubelte im Vorbeigehen: «Züri isch ei Sunntig!»
Die nächste Begegnung war ein Securitaswächter, der die Besucher aufforderte, die Landi zu verlassen: «*Generalmobilmachung!*» Die Landesausstellung wurde geschlossen. Um 4.45 Uhr hatten deutsche Truppen ohne Kriegserklärung Polen überfallen. Der *1. September 1939* war als Schicksalstag für die Welt markiert – mit einer nun offensichtlichen Wende. Schon mit der Unterwerfung der Tschechen hatte Hitler seine primäre nationalstaatliche Kampfbegründung in die Lebensraumhypothese geändert und damit seinen Vertragsbrüchen einen grundsätzlichen Selbstverrat hinzugefügt. *Polen* war brutale Bestätigung. *Lebensraum*, der schöne Begriff Friedrich Ratzels (1901) für längere Zeit verteufelt, wurde ein Kampfinstrument für NSDAP-*Geopolitiker,* die Lebensraumhypothese aber eine neue gesamthafte Gefahr für die Schweiz unter Hitlers neuem Zielbegriff *Neues Europa*. Der Welt war endgültig klar: Des Dritten Reiches Kampf wird ein Eroberungskrieg bleiben.

Feldgraue Landi
Am 5. September wurden die inzwischen militärisch bewachten Tore der Landesausstellung wieder geöff-

net. Die Mobilisation hatte ohne jede Störung stattgefunden. «Das Land bot ein friedliches Bild» (Guisan). Der Besucherstrom setzte sofort wieder ein, erreichte schon am 10. über 70 000 und ein Sonntagsmaximum von 164 000, wobei nun der Tagesdurchschnitt um 40 000 blieb. Natürlich: Die Armee war im Dienst, die zu Hause Gebliebenen permanenter gestresst; Bäuerinnen hatten ihre Männer oder Söhne zu ersetzen. Der General besuchte die Landi im Oktober, und nun konnte der seiner Wahl und Person zustimmende Jubel ihn begleiten. Die Armeeleitung empfahl und erleichterte den mobilisierten Truppen den Besuch der Ausstellung. «Der Landiurlaub wurde ein Festtag im harten Aktivdienst» (Hans Rudolf Kurz). Sie kamen gern in Gruppen, sangen – «Ticinesi son bravi soldati...» – oder fuhren jauchzend in einem Boot der berühmten Attraktion des wellenmunteren Schifflibachs; sie waren eine Gruppe von Armeespielleuten, gaben mit Clairons und Posaunen einer Schönen ein kurzes Ständchen. Aber da sassen sie auch zusammen und redeten über ihre neue Waffe, die Kriegsnachrichten, von der am 3. September erfolgten Kriegserklärung Frankreichs und Englands an Deutschland, von der Ernstfallmöglichkeit, zeigten ihre Photo von der Braut; redeten vom Höhenweg: «Du – der ist die Höhe – über jeder Feldpredigt.»

Die Landi war *verwandelt*. In das vorherige Buntbild war das *Feldgrau* eingedrungen, nicht an Zahl dominierend, aber an Bedeutung und Antlitz. Armee im Landi-frohen dankbaren Volk. Die Waffenschau ist noch aktueller geworden, zieht vor allem Zivilisten an, so auch die kampfgerechte Wehrvorführung. Man will darin die Wehranleihe erkennen und wissen, ob die Söhne moderne Waffen haben.

Diese Landesausstellung 1939 – der Stolz einer Generation – wurde am 29. Oktober, einem nochmaligen Höhepunktsonntag, geschlossen. Aber sie dauerte weiter als vitale Erinnerung, als Überzeugung und Bereitschaft. *Sie half durchhalten.* Und der Höhenweg? Er hatte schon ein erstes Aufleuchten im Geiste Heinrich Federers während des Ersten Weltkriegs, als des Dichters Legende eine Gruppe blutender Kämpfer den Schweizer vor dem Schöpfer der Teilnahmslosigkeit anklagte und der Herrgott antwortete: Es braucht nicht nur Mut, Sturm zu sein, es braucht auch Mut, *Insel im Sturm* zu sein.

Das Dörfli – Symbol einer bedrohten Heimat
Von Albert Hauser

Aus *Leserbriefen* vom Sommer 1939:

> «Die Landi ist gewiss schön, doch was wäre sie ohne das Dörfli. Hier erst wird's dem Schweizer heimelig. Hier fühlt man sich daheim und aufgehoben im Schoss des gemeinsamen Vaterlandes.»
>
> «Das Dörfli ist so etwas wie das Herz, der warme Mittelpunkt der Landesausstellung. Es erscheint nicht neuartig und fortschrittlich wie die Hallen der Elektrizität, des Aluminiums oder gar der Mode, und doch zieht es wie ein Magnet die Besucher aus allen Teilen der Landesausstellung weg zu sich und verführt sie zum Verweilen.»
>
> «Dass das Eidgenössische Trachtenfest in Zürich im August 1939 ein ganz grosses, ein unvergessliches Erlebnis war und in jeder Hinsicht den Höhepunkt unserer Landi darstellt, wird niemand bestreiten.»
>
> «Die Abteilung *Volk und Heimat* zeigt uns, um was es geht. Hier bekommen wir die moralische und seelische Kraft, die vom Bauernstand ausgeht und sich dem ganzen Volk mitteilt. ‹Stadt und Land mitenand› ist das Losungswort der Zukunft.»

Die Bedeutung der Landwirtschaft

Mythologie, *schweizerische Agrarromantik*? Gewiss – auch ein wenig. Doch mit diesen Begriffen kann man den Geist und die Stimmung jenes Sommers *nicht* erklären. Die Eröffnung der Landi fiel mitten in die Zeit grösster Bedrohung, und es waren Jahre schwerster Krisen vorausgegangen. Die Wirtschaft befand sich mitten in einem Umwandlungsprozess, der auch die *Landwirtschaft* erfasste hatte. Es kam zur Abwanderung, von der insbesondere die Gebirgsregionen betroffen waren. Die Entvölkerung mancher Alpentäler, so heisst es in einem Bericht des evangelischen Kirchenrates des Kantons Graubünden, «erfüllt uns mit grösster Sorge; sie wird, wenn nicht bald wirksame Massnahmen ergriffen werden, zur grossen Gefahr». «Unsere Gebirgsbevölkerung», so heisst es in einem anderen Bericht, «hat ihre Ersparnisse aufgebraucht, und der Kredit ist erschöpft. Wenn bis jetzt die Auswanderung in Grenzen geblieben ist, so ist das der tief ausgeprägten Heimatliebe der Alpenbewohner zuzuschreiben. Aber es gibt Augenblicke, wo der Kampf zu schwer wird.»

Im Zusammenhang mit der Motion Baumberger war tatsächlich einiges unternommen worden, um der *Land- und Höhenflucht*, von der man damals sprach, entgegenzutreten und der Landwirtschaft zu helfen. Trotzdem befanden sich viele Bergbauern und auch Talbauern in einer wirtschaftlichen und seelischen *Krise*. Die *altväterliche* Bauernkultur schien sich angesichts der Industrialisierung allmählich aufzulösen. Man geht nicht fehl, von einer Identitätskrise zu sprechen. Doch wo Not übermächtig wird, ist auch das Rettende nahe.

Die Väter der Landesausstellung dachten, als sie ihr Konzept schufen, gerade auch an diese Probleme. Im Rahmen der Landesausstellung sollten die Leistungen der Landwirtschaft dem ganzen Volk *nähergebracht* werden. Es galt zu zeigen, dass man in krisenschweren und vom Krieg bedrohten Zeiten auf die Landwirtschaft *angewiesen* war. Die Ausstellung sollte ein Zeugnis dafür sein, dass sich die für die Landwirtschaft gemachten Aufwendungen nicht nur gelohnt haben, sondern sich weiterhin lohnen werden. Die Themata, mit denen die Bedeutung der Landwirtschaft für die Volkswirtschaft veranschaulicht wurde, lauteten: «Jeder vierte Schweizer ist Bauer»; «Das Land ist der Lebensquell unseres Volkes»; «Der Bauer schafft Arbeit»; «Der Bauernstand sichert die Nahrungsmittelversorgung des Landes»; «Die Exportleistung der Landwirtschaft». Begriffe wie *Lebensquell* und *Blutquell der Nation* erscheinen heute *suspekt*. Was damals gemeint wurde, ging aus einem an der Landi vorgeführten Diagramm hervor: Da wurde gezeigt, wie sich die stadtzürcherische Bevölkerung im Jahre 1930 zusammensetzte. Von 1000 Einwohnern waren nur 330 aus der Stadt gebürtig. Eindrücklich war auch der Stammbaum der Bauernfamilie Gomerkinger aus Derendingen. Der Stammvater lebte von 1719 bis 1800. Zur Zeit der Landi (1939) wurden in sechs Generationen 32 Familien mit 172 Nachkommen gezählt. Noch 98 waren in der Landwirtschaft tätig, 61 arbeiteten in Industrie und Gewerbe, 26 im Handel und Verkehr, 8 in freien Berufen, 39 waren ohne Beruf (Kinder). Auf grosses Interesse stiessen beim Kriegsausbruch auch die Darstellungen über die *Nahrungsmittelversorgung* des Landes. Damals hat die Landwirtschaft 74% des Eiweissverbrauches, 75% des Fettverbrauches und 30% des Kohlehydratverbrauches, gesamthaft 52% des Kalorienverbrauchs, gedeckt. Gewiss, das war alles interessant, und man wusste von nun an, dass die zielbewusste Förderung einer leistungsfähigen Landwirtschaft mit möglichst zahlreichen selbständigen Leistungen zu den elementaren Grundlagen der schweizerischen Volkswirtschaft gehört.

Das Landidörfli

Doch da gab es an der gleichen Landi Dinge zu sehen, die nicht nur den Verstand erfassten, sondern ans Herz rührten. Wir denken an den Höhenweg und vor allem auch ans *Landidörfli*. Es bestand aus zwei Bauernhöfen und einem Bergbauerngehöft, einer Käserei, einem Genossenschaftsgebäude, dem ländlichen Gemeindehaus und zwei Gastwirtschaften («Schwanen» und «Rebe»). Zum Dörfli gehörten auch der Trachten- und Heimatwerkhof sowie die Lehrschau von Baustoffen. Den Planern und Erbauern dieses Dorfes war es ursprünglich darum gegangen, den Bauern kulturelle Werte näherzubringen, zu zeigen, dass es im bäuerlichen Leben nicht nur ökonomische, sondern auch *ideelle Werte* gibt. Aber da geschah etwas Unerwartetes: Das ganze Volk sah sich angesprochen, *bekannte sich* zu dieser ländlichen Schweiz und ihrer Tradition.

Wer die Geschichte des schweizerischen Nationalbewusstseins kennt, wird allerdings nicht allzu überrascht sein. Schon die Humanisten des 16. und 17. Jahrhunderts priesen die Bauern der alpinen Urschweiz. Im 18. Jahrhundert suchte man die *Natur*, die natürlichen Menschen, die bäuerlichen Hirten. «Es ist der Senn», meinte J. J. Scheuchzer 1705, «insgemein ein ehrlicher und aufrichtiger Mann, ja ein Abdruck der alten schweizerischen und redlichen Einfalt, so wohl in seinem Leben als Thun.»

Im 19. Jahrhundert veröffentlichte G. J. Kuhn die *Kuhreihen und Volkslieder*. Von den Schweizern des 20. Jahrhunderts sagte Otto von Greyerz, es habe jeder – auch der Städter, «einen Jodler im Herzen und ein Paar Bergschuhe im Kasten». Er nahm damit ein Wort von Sainte-Beuve wieder auf: «Tout vrai Suisse a un ranz éternel (einen immerwährenden Kuhreien) au fond du cœur.»

Die Schöpfer des Landidörflis konnten – bewusst oder unbewusst – hier anknüpfen. Die Art und Weise, wie sie ihre Ideen in die Tat umsetzten, war freilich *exemplarisch*. Sie wussten, dass es kein schweizerisches Einheitsbauernhaus gibt, und sie wussten auch, dass die Denkweise der Bauern und ihre Bräuche höchst verschieden sind. Man hätte für jede Gegend ein charakteristisches Gebäude aufstellen und alle diese Häuser malerisch gruppieren können. Die andere Möglichkeit: Man konnte eine ganz bestimmte *regionale Bauweise als Beispiel* nehmen. Man entschied sich für den zweiten Weg und wählte den im Kanton *Zürich* bekannten Fachwerkbau, den *Riegelbau*. Indem man das ganze Dörfli so baute, erhielt man gleichzeitig einen harmonischen, geschlossenen Eindruck, der bei früheren Ausstellungen, welche die erste Möglichkeit bevorzugt hatten, fehlte. Die Erbauer appellierten so ans Volk: Seht, so harmonisch, so einheitlich sollt ihr bauen. Jede Landschaft soll so ihr eigenes Gesicht wahren.

Moderne Bodenständigkeit war auch das Kennwort für die Ausstattung der einzelnen Häuser. Man bestellte eine aus Bauernfrauen und Fachleuten bestehende Arbeitsgemeinschaft. Sie gab dem Schweizer Heimatwerk in Zürich den Auftrag, die beiden Bauernhäuser am Zürichhorn bezugsfertig einzurichten. «Es war für uns», so Ernst Laur, «eine schöne und dankbare Aufgabe, und wir arbeiteten mit grösster Sorgfalt: Jedes einzelne Möbelstück wurde auf seine Güte, seine Brauchbarkeit und nicht zuletzt auch auf seinen Preis hin geprüft. Für die Ausführung wurden nur einheimische Hölzer zugelassen, wie sie im Baumgarten und Wald jedes Bauerngutes vorkommen.» Besinnung auf alte Tradition auch bei den Bauerngärten. Sie waren an der Landesausstellung von 1914 noch als Aschenbrödel bezeichnet worden. Der vom Gartenarchitekten J. Schweizer gestaltete traditionelle Bauerngarten mit Buchseinfassung und sanften Farben war für viele Besucher neu entdecktes Gartenwunder.

Neue Impulse vermittelte auch das *Gemeindehaus,* der wohl repräsentativste Bau des Dörflis. Er war gedacht als Sitz der sozialen und gesellschaftlichen Einrichtungen des Dorfes. Hier waren die Post, eine Sparkasse, die Wohnung der Gemeindeschwester, die Gemeindekanzlei und eine Leihbibliothek sowie ein Theater- und Versammlungssaal untergebracht. Viele zweifelten damals an der Realisierbarkeit eines solchen Hauses. Seit 1939 sind aber im ganzen Land da und dort solche Dorfhäuser entstanden. Mächtige Anziehungskraft ging auch vom Hof des *Heimatwerkes* aus. Da wurde gesponnen und gewoben, gedrechselt, geschnitzt, gestickt und geklöppelt. Da sass der Sarganserländer Maskenschnitzer neben dem Appenzeller Bauernmaler und den Strohflechterinnen aus dem Verzascatal. Endlich sah man wieder einmal, so der Berichterstatter, «wie reich und schön die Volkskunst in den Alpentälern heute wieder blüht».

Einen machtvollen Beweis wiedererwachter Bauernkultur stellte der *Trachtenhof* dar. Ihm stand die 1926 gegründete schweizerische Trachtenvereinigung zu Gevatter. Zu Tausenden erschienen die Trachtenleute; und das Trachtenfest erschien den Besuchern «wie eine Offenbarung wiedererwachten ländlichen Eigenlebens». Die Halle des Trachtenhofes, in der sich 25 lebensgrosse Frauengestalten in den Fest- und Staatstrachten ihrer Kantone befanden, war nach allgemeiner Auffassung eine Augenweide, von der sich viele Besucher kaum mehr trennen konnten. Man sprach vom «Blumengarten der Heimat».

Zeichen schweizerischer Eigenart
Nichts leichter, all das als sentimental und romantisch, auf sarkastische oder gar zynische Weise abzutun. Damit wird man der Landesausstellung, dem Landidörfli und dem dahinterstehenden Geist *nicht gerecht*. Die Liebe und Bewunderung, die die Menschen damals den Trachten, dem Dörfli und der landwirtschaftlichen Abteilung entgegenbrachten, entspringt nicht allein neuerwachter, familiärer Zuneigung zum Bauernstand. Hier fand man vielmehr Zeichen und Symbole für die in Frage gestellte schweizerische Eigenart und die von innen und aussen bedrohte Heimat. Es wird immer bedenkenswert und ein kleines Wunder bleiben, mit welch einfachen, aber sinnvollen Mitteln man es 1939 fertigbrachte, eine nationale Identität zu finden, das Zusammengehörigkeitsgefühl und schweizerische Selbstbewusstsein zu stärken. Wie nötig das war, haben die anschliessenden Jahre des Zweiten Weltkrieges bewiesen.

Das Bild der Frau: bescheiden, helfend, verständnisvoll
Von Isabelle Meier

Am Eröffnungstag der Schweizerischen Landesausstellung (LA), am 6. Mai 1939, strömten über 100 000 Menschen an die Bahnhofstrasse, um die Vertreter der Nation zu begrüssen, sie zu beklatschen und zu bejubeln. Wer vorbeizog, war überwiegend männlich, schwarz gekleidet, mit einem Zylinder oder einem Helm auf dem Kopf. Wer Frauen suchte, der fand sie als Trachtenfrau gekleidet, gruppenweise mitlaufend. Ihre Aufgabe war – quasi bundesrätlich verordnet – das Bild aufzulockern, «zu beleben».
So unscheinbar der Vorfall auch sein mag, Details bringen es manchmal an den Tag. Wenig bis gar nichts hatten die Frauen in der Politik, in der Welt des Mannes während der Zwischenkriegszeit zu suchen. Ihnen wurde, je länger die äussere Bedrohung andauerte, der politik- und weltabgewandte Bereich der Familie zugeordnet – jener Bereich, wo anscheinend Reste von Ordnung, Geborgenheit und Heimat, kurz: Leben, verblieben. «Sie ist nicht gewohnt, viel Aufhebens von ihrer Arbeit zu machen ... Immer hat man sie dort gefunden, wo es Not zu lindern, Wunden zu heilen, Gegensätze zu überbrücken galt», schrieb Anna Martin, Leiterin der Frauenkommission an der Landi, nachträglich im LA-Erinnerungswerk 1940. Winkend, in eine Tracht gehüllt, stolz die Werte der Mütterlichkeit, der trauten Familie, der Sicherheit und der Heimat verkündend, das war für viele die Quintessenz dessen, was damals Frausein hiess.

Hin zum Mutterideal

Eine Reduktion auf die Mutterrolle, sicherlich. Mutter, Pflegerin, Erzieherin für den Nachwuchs eines Volkes zu sein, das mache die Frauen aus, schrieb Anna Martin weiter, mit «dem mütterlichen Sinn, der alles Lebendige verstehend umfasst, mit nüchternem Urteil, ruhiger Sachlichkeit, unerschütterlichem Glauben an die Kraft der Idee, die den Schweizer und seine Werke kennzeichnet». Ein verbliebener Hort der Menschlichkeit. Der Pathos der Worte stieg auch bei den Männern auf. So formulierte der damalige Staatsrechtler Max Huber auf einem Spruchband im Frauenpavillon: «In der Frau, der Mutter und Gattin wirkt die menschliche, in der Caritas Christi die göttliche Hingabe.»

In der wirtschaftlichen und sozialen Krise der Zwischenkriegszeit wurde die Tendenz überdeutlich, auf die Familie als soziale Einheit, mehr noch auf sie *als Anker, als Oase, als Reduit* zurückzugreifen. Die Schweiz, selbst *Insel* in Europa, produzierte auch diese Insel: die Familie mit der Mutter als die Humanität rettende, aber gefangene Hauptakteurin. Den gefangen war sie. Nicht nur der patriarchalen Verhältnisse, sondern auch ihres eigenen Selbstverständnisses wegen. Um Einwänden vorzugreifen: Natürlich liessen sich nicht alle Frauen und Frauenorganisationen einfach in vorgegebene Rollen einzwängen. So muss u. a. die 1934 gegründete Arbeitsgemeinschaft *Frau und Demokratie* erwähnt werden, in der sich die wichtigsten Frauenorganisationen das Ziel setzten, die Grundsätze der Demokratie zu verteidigen. Sozialdemokratinnen trafen dort auf freisinnige Frauen. Einzig die Katholikinnen standen abseits; korporativ verlangten diese den Ständestaat, dessen Grundzüge in der Familienschutzinitiative der Katholisch-Konservativen von 1941 klar durchschimmerten.

Aber auf die Zielgerade *hin zum Mutterideal* bewegten sich dennoch die meisten Frauen. Selbst die Sozialdemokratinnen. Ihre Zeitschrift *Frauenleben und Arbeit* brachte ab 1938 vermehrt Anleitungen zu Hand- und Hausarbeiten denn zu politischen Fragestellungen. Sozialpolitische Frauenforderungen gingen zugunsten von Haustrauenproblemen verloren. Die drohende Kriegsgefahr war sicher ein wichtiger Grund zu solchen Rollenverdichtungen. Nicht minder relevant war aber der anhaltende *Geburtenrückgang,* der die Familie zur *Keimzelle des Staates* reduzierte. Noch 1900 hatten 100 Ehefrauen 27 Kinder geboren, 1937 waren es nur noch 13. 17 Kinder seien notwendig, um eine Überalterung zu verhindern, war das permanente Argument der Bevölkerungspolitiker.

Pavillon der Schweizer Frau

Allgemeine Tendenzen der Zwischenkriegszeit sind das eine; das andere ist die Frage, ob sich die Frauen an der Landesausstellung nahtlos in das allgemeine Frauenbild einfügen liessen. Das Herzstück der Landi war der Höhenweg, offiziell als Abteilung 1 mit *Heimat und Volk* betitelt. Er beinhaltete den Lehrgang über die Nation und deren Werte. Inmitten dieses Höhenwegs lag, zwar etwas abseits und ohne Zwang hindurchzulaufen, der kleine *Pavillon der Schweizer Frau,* halb zum Höhenweg hin geöffnet. Er war als gemeinsamer Wunsch der schweizerischen Frauenverbände und Frauenorganisationen – etwa Bund Schweizer Frauen, Schweizerisches Frauenblatt, gemeinnütziger

Frauenverein – entstanden, die Vertreterinnen in die bloss beratende Frauenkommission der LA schickten. Leiterin war die ehemalige Generalkommissarin der Saffa, Anna Martin.

Der Pavillon musste allerdings auf Antrag des Arbeitsausschusses (ausführendes Organ der LA) einige Male Grösse, Gestalt und Aussehen wechseln, bis er seine endgültige Form und Stimmung bekam. Die künstlerische Ausgestaltung hatte sich dem übrigen Höhenweg anzupassen. Die Ausstellungsleitung wies der Ausstellungskommission deshalb die Künstlerin Berta Tappolet zu, die ganz im Geist der damaligen Zeit Frauenanliegen nicht fordernd, sondern in herziger Manier gestaltete. Etwas wirklich Eigenständiges hervorzubringen war also von vornherein nur schwer möglich. Das war 1928 an der Saffa anders gewesen. Die beteiligten Frauen beklagten denn auch in ihren Protokollen die geringe Mitbestimmung, den kleinen Raum, die Ungewissheit seiner Ausstattung. Sie wollten «von Anfang an zu den Beratungen zugezogen werden und nicht erst, wenn ein ausgearbeitetes Programm vorliegt» (Protokoll der Frauenkommission der LA, 1937); an keiner anderen Stelle konnten sie sonst ihren Einfluss geltend machen. In anderen Fachgruppenkomitees waren sie einzeln oder höchstens zu zweit vertreten. Der Direktor Armin Meili liess sich zwar von der Frauenkommission beraten, im Einzelfall konsultierte er aber weitere Frauen – ausserhalb der Frauenkommission. Die Landesausstellung war auch hier streng hierarchisch gegliedert.

Streng hierarchisch gegliedert? Auf den ersten und letzten Blick sicher. Und dazwischen? Sekretärin von *Heimat und Volk* war eine Frau, Hermine Fässler. Sie lieferte für deren Gestaltung die meisten und wichtigsten Ideen. (Meili: «Ihre Arbeiten sind der Weg, so kommen wir zum Ziel mit der Abteilung *Heimat und Volk.*») Miserable Entlöhnung, keinerlei Erwähnung in einer Festschrift liessen Frau Fässler später einen empörten Brief an Nationalrat E. J. Graf schreiben, in dem sie sich bitter über die diskriminierenden Zustände beklagte. Ohne Erfolg.

Im Jahrbuch der Schweizer Frauen, dem Organ des Bundes Schweizer Frauen (BSF), hiess es dann aber zwei Jahre später, 1941, bilanzziehend: «Obschon unser Anteil an der Vorbereitung nicht ganz unserer Stellung im Volke und unserer Erfahrung in Ausstellungssachen entsprach und der *Pavillon der Schweizer Frau* in seiner Kleinheit manche Enttäuschung weckte – dies war alles bald verziehen und vergessen, als das fertige Werk dastand und in seiner prachtvollen Gliederung und der lebensnahen Darstellung jedermann beglückte und mitriss.»

Das fertige Werk

Wer auf die erste Ausstellungswand des Frauenpavillons zuging, wurde zunächst mit dem Generalbass der Ideologie der damaligen Zeit, mit der Rolle der Frau *als Mutter*, konfrontiert. Mutter-Sein sei die wichtigste aller Frauenaufgaben, illustrierten Spruchbänder, Familienchroniken und Texte. Gleichzeitig wurden Familienzulagen und eine Mutterschaftsversicherung gefordert. Es folgte die Darstellung der helfenden, fürsorgenden und erziehenden Frau mit den dazugehörenden Berufen wie Krankenschwester, Fürsorgerin und Lehrerin.

Als nächstes trafen die Besuchenden auf die Darstellung der erwerbstätigen Frau. Frauenerwerbstätigkeit, vor allem in der Form des Doppelverdienertums, wurde in der Zwischenkriegszeit hart bekämpft. «Il faut sortir les femmes des usines et des bureaux», hatte 1934 der katholisch-konservative Bundesrat Musy schroff erklärt, angesichts der Wirtschaftskrise und der Massenarbeitslosigkeit. Frauen wurden reihenweise aus qualifizierten Berufen ausgeschlossen, zum Teil sogar mittels politischer Legitimation wie in Bern, wo im Januar 1933 der Berner Stadtrat beschloss, keine verheirateten Frauen mehr anzustellen. Das gleiche geschah im Juni 1936 in Basel-Stadt. Selbst Gewerkschaften und Sozialdemokratie verschlossen sich diesen Argumenten nicht und forderten als Alternative den Familienlohn für den Mann. Niemand verlor mehr ein Wort über die *wirtschaftliche Gleichberechtigung*. Frauen wurden dadurch in schlecht entlöhnte Frauenberufe abgedrängt, in denen sie sich zusätzlich noch schuldig fühlen mussten, obwohl für viele Frauen in der Zwischenkriegszeit der Zwang zu arbeiten tagtäglich vorhanden war. Ein Familienlohn fehlte noch. Das Leitbild der Mutter stand im schrillen Gegensatz dazu.

Im Frauenpavillon erfolgte schliesslich die notwendige Legitimation der Frauenarbeit, verklärt zwar mit dem Spruchband «Die Arbeit der Frau ist Daseinspflicht, ist Dienst am Volk»; aber in der die Ausstellung begleitenden Broschüre *Du Schweizerfrau* schrieb Dora Schmidt zu Recht: «Handel und Verwaltung konnten den gewaltigen Aufschwung der letzten Jahrzehnte nur mit Hilfe der Frau mitmachen...» Diese hätten sich mit schlecht bezahlter Arbeit und Lohnungleichheit begnügt. Statistiken zeigten auch, dass bei Männern ein jährliches Durchschnittseinkommen von 3100–4000 Franken üblich war, bei Frauen eines unter 2000 Franken. In der Ausstellung wurde der Finger bewusst auf die «freie Berufswahl nach Eignung und Neigung und der Leistung entsprechende Löhne» gelegt und darauf hingewiesen, dass Frauenarbeit wegen mangelnder männlicher Arbeitskräfte notwendig sei, dass zwei Drittel der Frauen in sogenannt weiblichen Berufen arbeiten und der Prozentsatz der erwerbstätigen Frauen seit 1888 sowieso gesunken sei. An die erwerbstätige Frau schloss der Aufwertungsversuch einer innerhäuslichen Rolle der Frau an, der *Hausfrau*, deren ökonomische Seite entsprechend betont wurde: «Täglich werden 12 Mio. Franken durch die Frauen in kleinen Portionen an die Wirtschaft verteilt.» Eine Liste der 14 Berufe der Hausfrau (Köchin, Waschfrau, Näherin usw.) folgte; die Frau als Mitarbeiterin des Ehemannes, als Bäuerin und als Künstlerin/Wissenschaftlerin wurde darauf gestreift.

Dualistische Wertvorstellungen

Den Schluss bildete wiederum ein brisantes Thema – die Frau als Staatsbürgerin – und damit die Frage der *politischen Gleichberechtigung*. In der Ausstellung wurde vorsichtig argumentiert («Nous voulons servir notre pays»), um die Männer nicht zu «vertäuben». Die Forderung nach dem *Wahl- und Stimmrecht* für Frauen war humorvoll gestellt. Eine kleine Maschinerie hielt die Türe des Steueramtes für Frauen offen, während sie die Türe des Wahl- und Stimmbüros jeweils zuknallen liess. Für das Frauenstimmrecht wurde nicht das Argument der egalitären Vorstellung von Mann und Frau gebraucht, sondern das der *dualistischen*: «Männer

und Frauen bilden das Schweizervolk. Sorgt dafür, dass der mütterliche Sinn der Frau auf allen Gebieten des privaten und öffentlichen Lebens wirksam werden kann», hiess es etwa auf einem Spruchband.
Die dualistische Auffassung, wonach Mann und Frau grundverschieden seien und jede und jeder seinen/ihren Beitrag zum Wohle der Nation zu leisten habe, war 1939 stark vertreten. Was auf der Ebene von Arbeit und Kapital 1937 mit dem Arbeitsfrieden zustande kam, fand seine Entsprechung auch bei Mann und Frau. Die Rolle als *Hausfrau und Mutter* schien den Frauen wie auf den Leib geschrieben, vor allem dann nach dem Zweiten Weltkrieg, als der Familienlohn Realität wurde. Frauenstimmrecht und Gleichberechtigung am Arbeitsplatz hatten Männer wie Frauen zugunsten der Einheit des Schweizervolkes zurückgestellt oder nur leise gefordert. Man kann dies als *Geschlechterfrieden* bezeichnen. Das Engagement der Frauen für die Nation wurde nach dem Zweiten Weltkrieg unter den Tisch gewischt, als selbstverständlich angenommen, ihre Forderungen nach Gleichberechtigung lange vergessen. So sollte der Kampf für das Frauenstimmrecht noch *bis 1971* und derjenige für gleichen Lohn für gleichwertige Arbeit bis 1981 andauern.
Dualistische Wertvorstellungen bezüglich Mann und Frau finden in Kriegssituationen stärkere Nahrung als egalitäre Forderungen (etwa damals Frauenstimmrecht und ausserhäusliche Erwerbstätigkeit) und verdrängen letztere. Die Schweizerin erhielt damals weder das eine noch das andere, dafür ein neues Kleid (der Heimat), die Tracht.

Die Arbeiterschaft: Zusammenschluss mit Vorbehalten
Von Peter Gilg

Die Landi zog so gut wie alle in ihren Bann. Man mag dies damit erklären, dass es ihr gelang, den Grundsatz *Einheit in der Vielfalt* und damit eine Distanzierung von den totalitären Systemen im Norden und Süden zum allgemeinen Erlebnis werden zu lassen. Allerdings: Nicht alle Unterschiede und Gegensätze waren so leicht auf einen gemeinsamen Nenner zu bringen. So kam an der Landi kaum zum Ausdruck, dass es in der schweizerischen Gesellschaft *ein Oben und ein Unten* gab, dass Anschauungen und Wertmassstäbe der oberen und unteren Schichten einander in mancher Hinsicht widersprachen. Und doch war es erst zwanzig Jahre her, als sich im Landesstreik Arbeiterschaft und Bürgertum feindlich gegenüberstanden.

Soziale Verständigung als Parole
Die sozialen Gegensätze suchte die Landi durch die Parole *Verständigung* einzufangen und aufzuheben. *Verständigung schafft Arbeit und Brot* hiess es in viersprachigen Lettern hinter einem Dieselmotor, an dem das Zusammenwirken vieler Köpfe und Hände zum exportierbaren Qualitätsprodukt demonstriert wurde. Und im *Raum für soziale Arbeit* waren auf einem grossen Glasfenster nicht nur karitative und staatliche Sozialmassnahmen, sondern auch der Abschluss eines Gesamtarbeitsvertrags versinnbildlicht. Aber wenn die Frauen sich in einem eigenen Pavillon zur Darstellung

bringen konnten, so gab es *nichts Entsprechendes* für die Gewerkschaften zu sehen. Der damalige Präsident des Schweizerischen Gewerkschaftsbundes, *Robert Bratschi*, erklärte an einer Sitzung des Bundeskomitees seines Verbandes, die Gewerkschaften erschienen an der Landi als überflüssig, wie wenn der Arbeitnehmer alles dem Arbeitgeber zu verdanken hätte. Eine solche Art der Verständigung lehne er ab (Protokoll des Bundeskomitees vom 11. Mai 1939, Archiv des SGB).

Nun war es freilich nicht so, dass die Arbeiterschaft im Rahmen der Landi keine Gelegenheit zur Selbstdarstellung erhielt. So wurden den einzelnen Gewerkschaftsverbänden und den Arbeiterkulturorganisationen besondere Festtage eingeräumt, und vor allem gab es die von der Sozialdemokratischen Partei der Schweiz (SPS) veranstalteten *Tage der Arbeit* am Wochenende des 5./6. August. Diese entsprachen in gewisser Hinsicht den verschiedenen Tagen der Kantone; sie bildeten freilich zu ihnen auch einen Kontrast. In einem Festzug marschierten, von Musik begleitet, zahlreiche Berufsgruppen und trugen Fahnen, auf denen ihre besondere Tätigkeit verzeichnet war. Mitgetragen wurde das Weisse Kreuz im roten Feld, aber *auch* das rote Banner der Internationale. Im Gegensatz zu den Kantonsumzügen fehlte jegliche Folklore.

Kontrastpunkte

In der Tonhalle fand ein *Festakt* statt. Hier feierte der Landesstreikführer *Robert Grimm* die Landi als Symbol eines freien Volkes, betonte aber auch die Bedeutung der Arbeiterbewegung für den sozialen Fortschritt. Am stärksten kontrastierte ein von Albert Ehrismann und Kurt Früh gedichtetes *Festspiel* zur Vorstellungswelt, die an der Landi herrschte. Mit dem Symbol von Kolumbus' Ausfahrt nach einem neuen Kontinent wurde die Suche der Arbeiterschaft nach einer gerechten Welt zum Ausdruck gebracht; diese Ausfahrt führte aber zum Zusammenstoss mit den Herren des Bestehenden. Da war – mit Ausnahme einer Andeutung am Schluss – nicht von Verständigung die Rede, sondern von *Kampf*. Auch unterschied sich der Stil radikal von der bürgerlich-folkloristischen Festspieltradition: Er arbeitete stark mit Sprechchören und orientierte sich an Brecht und an der in Deutschland und Österreich entwickelten Arbeiterkultur.

Diese *Tage der Arbeit* gerieten aber nicht zu einer mächtigen Kundgebung der Arbeiterschaft, wie sie die sozialdemokratische Parteiführung im Blick auf die Nationalratswahlen vom Herbst 1939 angestrebt hatte. Die Ausstellungsleitung war darauf bedacht, der Veranstaltung den politischen Charakter möglichst zu nehmen. Auch das Festspiel stiess auf Widerstände. Dem sozialdemokratischen Stadtpräsidenten Emil Klöti, einem Hauptförderer der Zürcher Landi, scheint es jedoch gelungen zu sein, eine Inszenierung ohne wesentliche Änderungen zu erwirken.

Hinderlich für den Erfolg waren namentlich Differenzen unter den verschiedenen Arbeiterorganisationen: Die Gewerkschaften, ohne deren aktive Unterstützung ein Massenaufgebot nicht zu erreichen war, zeigten wenig Begeisterung und beklagten sich bei der Partei über mangelnde Information und Mitsprachemöglichkeit. So war denn schliesslich die *Beteiligung* der Arbeiterschaft an den *Ehrentagen des unbekannten Arbeiters*, wie man die Veranstaltung auch nannte, eher enttäuschend. Etwa 3000 marschierten im Festzug mit. Die Zuschauer standen – teils wohl wegen des regnerischen Wetters – nicht besonders dicht an den Strassenrändern; viele der mit Extrazügen Herbeigeführten begaben sich vom Bahnhof gleich zur Ausstellung. Auch die Zahl der Festspielbesucher entsprach nicht den Erwartungen. Das Spiel wurde in der Presse – mit einiger Kritik wegen seiner Tendenz – als Kunstwerk anerkannt. Doch der Partei bescherte es ein erhebliches Defizit.

Annäherung an die Schweiz
Das Auftreten der Arbeiterschaft an der Landi bot also ein uneinheitliches, ja widersprüchliches Bild. Dieses war Ausdruck der starken *Wandlung,* welche die Arbeiterbewegung in der *Zwischenkriegszeit* durchmachte.
Das Scheitern des Landesstreiks von 1918 hatte zunächst zu einer Verhärtung der Sozialdemokratischen Partei geführt. Diese spiegelte sich im neuen Parteiprogramm von 1920, das nicht nur die revolutionäre Zukunftserwartung und die Absage an die militärische Verteidigung des bürgerlichen Staates erneuerte, sondern für den Notfall auch eine *Diktatur des Proletariats* als Mittel zur Durchsetzung des Sozialismus in Betracht zog, was das Bürgertum als Bedrohung der Demokratie empfand. Der Anspruch, allein mit der Arbeiterklasse eine neue Gesellschaftsordnung zu schaffen, wurde von massgebenden Parteiführern noch zu Beginn der dreissiger Jahre bekräftigt; sie glaubten, der Kapitalismus werde die damalige Weltwirtschaftskrise nicht mehr bewältigen können, so dass der Sieg des Sozialismus in greifbare Nähe gerückt sei.
Im politischen Alltag ging es aber den Sozialdemokraten – und noch mehr den Gewerkschaften – schon in den *zwanziger Jahren* nicht sosehr um eine sozialistische Neuordnung als um *konkrete Verbesserungen* für die Arbeitnehmer in der bestehenden Gesellschaft. Arbeitszeit, Beamtenlöhne, Altersversicherung und Konsumenteninteressen standen im Vordergrund des Tageskampfes. In einer zunehmenden Zahl von Gemeinden und Kantonen errang die SP Sitze in den Exekutivbehörden, in einzelnen Städten – 1928 sogar in Zürich – die Mehrheit. Die Gewerkschaften gewannen Einfluss auf die vorparlamentarischen Verhandlungen, in denen die Verwaltung die Wirtschafts- und Sozialgesetze vorbereitete. Sozialdemokratische Gemeindepolitiker und Gewerkschafter zeigten deshalb nur wenig Interesse an einer sozialistischen Zukunft, um so mehr an einer *sozialstaatlichen Gegenwart.*
Eine entsprechende Entwicklung erschien aber in den *frühen dreissiger Jahren* nicht nur durch die Wirtschaftskrise in Frage gestellt, sondern zugleich durch die Machtübernahme des Nationalsozialismus in Deutschland und das von ihr begünstigte Aufkommen der Fronten in der Schweiz. In Kreisen der Arbeiterführer traten Befürchtungen auf, auch das schweizerische Bürgertum könnte rechtsextremen Neigungen nachgeben und die Arbeiterbewegung nach deutschem Beispiel gewaltsam unterdrücken. Dieser Gefahr wollte die sozialdemokratische Parteileitung dadurch begegnen, dass sie den Versuch unternahm, eine breite Front der von der Krise am stärksten Betroffenen aufzubauen, um mit ihr die Mehrheit zu erobern. Angeregt vom belgischen Sozialisten Hendrik de Man, entwickelte sie einen *Plan der Arbeit,* der Bauern, Gewerbler und Angestellte für den Übergang zu einer

Mischung von staatlicher und privater, aber geplanter Wirtschaft gewinnen und dem frontistischen Einfluss entziehen sollte. Doch gleichzeitig lancierte der Gewerkschaftsbund eine Art Konkurrenzaktion, die sich an dieselben Bundesgenossen wandte, aber weniger einschneidende Ziele verfolgte: Die sogenannte *Kriseninitiative* erstrebte keine Verstaatlichungen, sondern eine Wiederankurbelung der Wirtschaft durch Erhöhung der Kaufkraft der Bevölkerung unter Einsatz von staatlichen Finanzmitteln und Kontrollen, während der Bundesrat immer noch eine Deflationspolitik mit Senkung der Löhne und Preise betrieb. Die SP sah sich gegenüber einer solchen Volksinitiative wohl oder übel genötigt, den Gewerkschaften den Vortritt in der Wirtschaftspolitik zu überlassen und ihre weiterreichenden Ziele hintanzustellen.

Ja zur Demokratie und Landesverteidigung

Um eine über die Arbeiterschaft hinausgreifende antikapitalistische und antifaschistische Mehrheit sammeln zu können, entlastete sich die Partei nun von zwei Hypotheken ihres Programms: von der Erwähnung der Diktatur des Proletariats und von der Absage an die Landesverteidigung. In einem *neuen Programm von 1935* stellte sich die SPS unbedingt auf den Boden der *Demokratie* und anerkannte die Notwendigkeit einer *Milizarmee* zur Abwehr der faschistischen Bedrohung. Die Anerkennung von Demokratie und Landesverteidigung durch die Sozialdemokraten löste sich in der Folge von der Voraussetzung einer antikapitalistischen Mehrheit im Staat. Mehr und mehr begann man auch dem bürgerlichen Staat die Verteidigungswürdigkeit zuzubilligen, da er geeignet schien, die Demokratie vor dem Faschismus zu retten. Hinter dem bisherigen Klassengegner war ein gefährlicherer Feind aufgetreten, der auch das Bürgertum bedrohte, so dass sich eine *Verständigung* mit diesem aufdrängte.

Die Kriseninitiative verfehlte 1935 die Mehrheit in der Volksabstimmung; sie hatte aber zu einer gewissen Zusammenarbeit zwischen Gewerkschaften und Verbänden der Angestellten und der Kleinbauern geführt. Die Leitung des Schweizerischen Gewerkschaftsbundes versuchte darauf, diese Zusammenarbeit in der sogenannten *Richtlinienbewegung* auf alle Gruppen auszudehnen, die sich zu Demokratie, Landesverteidigung und sozialen Reformen bekennen würden. Die SPS erklärte 1937 – trotz Bedenken – ihren Beitritt. Die bürgerlichen Parteien blieben ihr zwar fern; sie fanden sich nun aber bereit, die drängenden Landesprobleme in regelmässigen *Konferenzen* mit den Sozialdemokraten zu besprechen. Dieser erste Anlauf zu dem, was man heute *Konkordanz* nennt, scheiterte freilich schon Ende 1938, als die bürgerliche Mehrheit sich weigerte, die Kompromisspolitik der SP mit der Wahl des Zürcher Stadtpräsidenten *Emil Klöti* in den Bundesrat zu honorieren.

Hin zur friedlichen Konfliktregelung

Während so Partei und Gewerkschaftsbund auf dem Felde der Gesetzgebung eine Zusammenarbeit mit bürgerlichen Partnern versuchten, vollzog sich eine parallele Entwicklung im Ringen der Gewerkschaften mit den Arbeitgebern um die Gestaltung der Arbeitsverhältnisse. Bereits waren hier dann und wann vertragliche Regelungen an die Stelle von Streiks und Aussperrungen getreten, doch drohte 1937 – nach der

Abwertung des Schweizerfrankens, die den Arbeitern Reallohnverluste brachte – ein neuer Arbeitskonflikt in der exportgewichtigen Maschinen- und Metallindustrie. Der Bundesrat machte Miene, den streitenden Parteien mit Hilfe seiner Krisenvollmachten eine staatliche Schiedsgerichtsbarkeit aufzuzwingen. In der Sorge um ihre Handlungsfreiheit fanden sich nun Gewerkschafts- und Arbeitgebervertreter zu einer *neuen Methode der Konfliktbeilegung* zusammen. Im berühmt gewordenen *Friedensabkommen* vereinbarten sie, künftig von Kampfmassnahmen abzusehen und sich im Notfall einem von ihnen selbst ernannten Schiedsgericht zu unterstellen.

So war das Verhältnis zwischen Arbeiterschaft und Bürgertum am Vorabend der Landi vielgestaltig. Wo Vertreter beider Lager in eingehendere Verhandlungen getreten waren, hatte sich ein *gewisses Vertrauen* gebildet und zugleich das Bewusstsein, man habe gegenüber der Bedrohung von aussen wie auch gegenüber beidseitiger Verständnislosigkeit und Feindseligkeit im Innern *gemeinsame Landesinteressen* zu wahren. Wo man einander aber ferner stand, überwogen noch Misstrauen und Ablehnung. Trotzdem strömten die Arbeiter an die Landi. Hier begegnete sich die Bevölkerung aller Schichten, erleichtert über das Abebben der Wirtschaftskrise, wie an einem grossen Fest. Und hier konnte auch eine Art von nationalem Zusammengehörigkeitsgefühl entstehen, das angesichts der äusseren Gefahren *Rückhalt* bot – war doch der Klassenkampf für viele Arbeiter eher eine unmittelbare Reaktion auf erlittene Not, Ungerechtigkeit und Bedrückung gewesen als eine Strategie zur Veränderung der Gesellschaftsordnung.

Les Romands et la Landi

Par Georges-André Chevallaz

Si l'on a pu dire que «la Suisse est un pays où l'on s'entend bien parce qu'on ne s'y comprend pas» – ce qui est à moitié vrai – c'est bien à cause de ces grandes manifestations de convivialité nationale que sont les fêtes fédérales de tir, de chant, de musique, de gymnastique, où l'on afflue de tous les cantons, de toutes les vallées, chacun fier de sa diversité de costume ou d'accent, mais heureux de fraterniser tous ensemble. Cela vaut tout particulièrement pour les expositions nationales, inventaires des multiples activités du pays, tableau de vie, de travaux, de paysages, état de situation, mais surtout grand rassemblement, six mois durant, de tous les Suisses.

1914 – 1939 – 1964 – 1991

Les trois dernières expositions se sont déroulées, si l'on peut dire, à des tournants du destin. Celle de *Berne, en 1914,* à la veille de la Première Guerre mondiale, permettait d'affirmer la Suisse dans sa personnalité propre, en un moment où l'Allemagne exerçait, par son expansion économique, l'éclat de sa culture, l'autorité scientifique de ses universités, sa sécurité sociale, mais aussi par tout le clinquant de son armée et de sa flotte de guerre cinglant les océans, une incontestable attraction, que renforçait le foisonnement actif, en Suisse, de dizaines de milliers d'Allemands travaillant dans l'industrie, le commerce, les écoles, les professions libérales.

C'est encore sous la menace, puis dans la réalité d'une

nouvelle guerre fratricide pour l'Europe, face à une Allemagne totalitaire, que la *Landi de 1939* témoignait de notre *cohésion* et de notre *volonté d'indépendance,* le soldat enfilant sa tunique en demeurant aujourd'hui l'image mémorable. Enfin *l'Expo de Lausanne, en 1964,* marquait une pause de réflexion indispensable dans un mouvement de croissance inouï, où affleuraient la surchauffe et l'inflation, où s'accélérait, par centaines de milliers, le recours à la main-d'œuvre étrangère. «Nous ne savons où nous allons, mais nous y allons très vite», aurait-on pu dire. Condamnée d'avance par sa dispersion irrationnelle stoppée à temps par le non raisonnable des cantons centraux, *l'Exposition de 1991* nous manque en un moment où trop de nos compatriotes, trépignant vers les grands espaces, voient prématurément notre passé et notre identité d'aujourd'hui au Ballenberg de l'histoire. 1998 et le Tessin feront mieux.

La Suisse dans toute sa richesse

Qu'une Exposition nationale reflète la Suisse dans toute la richesse de sa diversité, la Landi l'a bien démontré; et tout d'abord en ce qui concerne les *cantons romands*. Si la conception thématique de l'Exposition, comme cela sera encore le cas en 1964, n'a pas juxtaposé 22 expositions cantonales, la participation romande est partout présente et vivante. Elle vit par ses jeunes architectes, dans les pavillons des arts graphiques et de l'horlogerie, dans le théâtre de l'Exposition, dans ses pintes neuchâteloise et valaisanne, fribourgeoise et genevoise. Elle s'illustre par ses peintres et ses sculpteurs en plusieurs des pavillons, et notamment par le *renard et les raisins,* de Pierre Blanc, qui, ornant la fontaine de la place de la Romandie, est encore dans toutes les mémoires survivantes. Dans l'ensemble, quelque *1500 Romands* se sont engagés parmi les 5000 exposants à des titres divers.

Sans doute avait-il fallu *vaincre quelques réticences* en terre romande, et quelques négligences initiales des organisateurs. Sans doute aussi les Romands dépassent-ils rarement Berne et considèrent-ils parfois Zurich comme une cité froide et distante. Mais les *journées cantonales* ont vite eu fait de dissiper les brouillards acides. Car, malgré toute la riche substance de l'exposition elle-même et l'élégante ingéniosité de sa présentation, ce sont peut-être bien les journées cantonales qui ont fait fondre les hésitations et les réserves, parce qu'elles ont, d'une part, suscité la *conscience fédéraliste* et entraîné l'enthousiasme, l'ingéniosité, l'originalité des participations cantonales et, d'autre part, démontré que ce public zurichois, réputé indifférent, pouvait se déchaîner dans la chaleur de son accueil.

Pourtant la première journée cantonale, celle des *Vaudois,* avait déroulé son cortège à l'ombre des parapluies sous de véritables cataractes célestes. La *fraternisation des Zurichois,* le vin blanc versant le soleil dans les verres du banquet avaient chassé les nuages et dissuadé les refroidissements. Le festival *Images de mon pays,* la musique de Doret, celle de Dalcroze finirent de faire oublier les incongruités du temps. *Genève* sut faire valoir son esprit de finesse et d'élégance, son goût éclectique pour la musique. *Fribourg* proposa, dans la richesse de ses costumes, la force de ses traditions, la vigueur de sa foi, son exceptionnelle vocation chorale sous la baguette de l'Abbé Joseph Bovet. Hélas pour les Bernois, les Neuchâtelois et les Valaisans, le tambour avait battu le rappel de la mobilisation, qui, d'ailleurs la situation s'étant momentanément détendue, permit à des milliers de soldats d'accomplir sous l'uniforme, le pèlerinage motivant de la Landi.

La vigueur du fédéralisme
A Zurich, comme elles le feraient à Lausanne, les journées cantonales avaient marqué les temps forts de l'exposition. Elles avaient, non seulement dans le rappel historique, dans la richesse de la diversité folklorique, mais aussi dans l'évocation des forces présentes et des espoirs en l'avenir, attesté de la réalité et de la vigueur du fédéralisme. Un fédéralisme qui n'est pas, comme Goethe le disait de la liberté des Suisses sous l'Ancien Régime, «une vieille légende conservée dans l'alcool», mais bien *une raison d'être* et une condition d'existence, à l'encontre de toutes les tentatives et les tentations de l'uniformité géométrique et technocratique néfaste aux libertés des communautés et des personnes.

Zürich im Glanze der Landi

Von Edmund Richner

Dem 6. Mai 1939, dem Eröffnungstag der Landi, war das legendäre Zürcher Festwetter beschieden. Die Stadt war nicht wiederzuerkennen im Schmuck ihrer Flaggen und Blumengebinde. Über dem Seebecken lag die Weihe eines historischen Ereignisses, das im Begriffe war, in alle Teile der Schweiz auszustrahlen und sich jedem Eidgenossen, ob jung oder alt, mitzuteilen.

Eine Landesausstellung wird durch keine Jahrzahl, durch keinen Turnus ausgelöst. Sie nimmt ihren Ursprung in den Köpfen und Herzen wagemutiger, begeisterungsfähiger Menschen. Zwar hatte man in Zürich das Jahr 1933 als «Aufhänger» gewählt, fünfzig Jahre also nach der ersten Landesausstellung in unseren Gemarkungen. Doch erwies es sich als glücklich, an keine Termine gebunden zu sein, und so ging es schliesslich noch sechs Jahre, bis aus der Idee Wirklichkeit wurde und die Fata Morgana nach Überwindung mühseliger Hindernisse die Gestade des Zürichsees mit ihrem Glanz überstrahlte.

Der offizielle Schlussbericht spricht vom Festzug, der sich vom Hauptbahnhof zum Kongresshaus bewegte, «so glanzvoll und eindrücklich», wie ihn Zürich noch nie gesehen habe. In seiner Art einmalig war er auf jeden Fall, marschierte doch an der Spitze der Bundesrat in corpore mit Delegationen der Behörden aller Kantone. Unter den auswärtigen Gästen fiel vor allem das diplomatische Korps auf. Noch herrschte die Zeit der Zylinder, ohne die ein feierlicher Aufzug nicht denkbar gewesen wäre. Ziel des Festumzuges war zunächst das Kongresshaus, wo der Eröffnungsakt samt Bankett vonstatten ging. Erst dann strebte alles der LA zu, wie das vollendete Werk zuerst genannt wurde, bis der Volksmund im Ausdruck Landi die familiäre Formel fand, die sich bis heute gehalten hat. Wenige Tage zuvor war das neuerbaute Kongresshaus seiner Bestimmung übergeben worden, dessen Erstellung – mit einem finanziellen Zustupf der Landesausstellung – den markanten Akzent setzte, der dauernd an seinen Ursprung erinnert.

Einen Höhepunkt erreichten die Eröffnungszeremonien am folgenden Tag mit dem Fahnenakt am Bürkliplatz, unmittelbar am Ufer des Zürichsees. Im Rund wurden die Fahnen aller Kantone gehisst, bis dann im Zentrum das eidgenössische Banner prangte. Vaterländische Worte und Lieder erklangen. Dieser schlichte symbolische Akt, dieses manifeste Bekenntnis zur Einheit in der Vielfalt der Eidgenossenschaft ergriff jeden Teilnehmer und prägte der Landi und dem sie beherbergenden Stadtgebiet ihren Stempel auf. So richtig in Besitz genommen wurde die Landi am sonnigen Auffahrtstag, als die «Wallfahrt» der Besucherströme über die Höhenstrasse einsetzte, die bis zum Schluss der Landi nicht mehr abreissen sollte. Es war die geniale Idee von Hans Hofmann, dem Chefarchitekten, die Abteilung *Heimat und Volk*, dieses Herzstück der Landi, vom Boden abzuheben, ihr so den auszeichnenden und ihr zukommenden Raum zu verschaffen. Der «Höhenweg» – bald setzte sich dieser vertrautere Name durch – fasste, wie es Prof. Max Huber im Erinnerungswerk umschrieb, das «vielgestaltige Leben der Gegenwart zusammen zu einer Einheit in der Dimension der Zeit, der Kontinuität, der geschichtlichen Tiefe: von der Urzeit bis zu den Tagen, von denen die Landesausstellung uns ein Bild gibt».

Nachdem sich gegen viele Widerstände das Prinzip der thematischen Gliederung für die Landi durchgesetzt hatte, drängte sich die Schaffung einer «Schau in der Schau» recht eigentlich auf. Es sollte ein Akzent gesetzt werden, der jedem Besucher sinnfällig die Grundelemente unseres Schweizerlandes offenbarte, seiner inneren und äusseren Ordnung, seiner Kraft, seiner Ausstrahlung, ja recht eigentlich seiner Bestimmung. In den frühen Plänen von Armin Meili aus einem Wettbewerb (den der Bund Schweizerischer Architekten unter seinen Mitgliedern veranstaltet hatte) figurierte in nuce bereits der Gedanke einer synthetischen Darstellung. Als Meili und ich uns, ein Jahr vor seiner 1936 erfolgten Berufung an die Spitze der nach ihrer Realisierung drängenden Landi, zum erstenmal begegneten, waren wir im Gespräch schon bald beim für uns beide allgegenwärtigen Thema Landesausstellung angelangt. Wie ich seine Pläne zu Gesicht bekam, faszinierte mich sofort die Skizze des *Heimat und Volk* zu betitelnden Mittelpunktes der Ausstellung, der damals die Gestalt eines parkartigen Gartens zeigte. Wo sollte er angesiedelt werden? Der Höhenweg war der Zauberstab, der buchstäblich den Weg wies.

Für den Posten des Chefarchitekten war Hans Hofmann dank seiner Erfahrungen in der Ausstellungsarchitektur sozusagen prädestiniert. Für die Direktion kandidierten einige Dutzend Anwärter. Als Mitglied des Organisationskomitees war ich in der Lage, mir ein Urteil zu bilden über die hohen Anforderungen, die gestellt wurden. Ich war nicht der einzige, dem der

Name *Meili* einfiel, aber er befand sich nicht unter den Kandidaten. Die Schwierigkeit war also nicht, ihn dem Wahlausschuss genehm zu machen. Wie sollte es aber gelingen, den zu Berufenden zur Annahme einer Wahl zu bewegen? Er wolle gestalten, nicht administrieren, war Meilis Stellungnahme. Und doch ahnte der Zögernde, dass für eine Persönlichkeit seines Zuschnittes zahlreiche Möglichkeiten zur schöpferischen Tat existierten. Die Wahl kam zustande – und damit war für die Landi der Kopf gewonnen, dem sie nachher so viel zu verdanken hatte, ja der bald zur Personifikation der Landi werden sollte. Das setzte im weiteren ein gutes Zusammenwirken mit den Spitzen der grossen, im Aufbau begriffenen Organisationen voraus, vor allem mit dem Präsidenten und Vizepräsidenten von Organisationskomitee und Arbeitsausschuss, Regierungsrat Hans Streuli und Stadtpräsident Emil Klöti, die sich beide mit allen Kräften, sich gegenseitig vorteilhaft ergänzend, für das vorab von Zürich getragene Werk einsetzten.

Man muss sich in Erinnerung rufen, dass der *Standort*, der massgebend für den grandiosen Erfolg der Landi verantwortlich war, die Überwindung hoher Hürden erforderte. Bauten und bauliche Anlagen von der Grösse einer Stadt im Mittelpunkt von Zürich anzusiedeln und recht eigentlich zu integrieren war ein Unternehmen, das von den Beteiligten ein Höchstmass an Können und gutem Willen voraussetzte. Es ist bekannt, dass Zürichs Stadtoberhaupt lange Zeit vom Standort an den beiden Seeufern nichts wissen, sondern die Landi auf der *Allmend* oder sonst einer peripheren Gegend ansiedeln wollte. Dies geschah keineswegs, um dem auch von ihm gewünschten Grossereignis Schwierigkeiten zu bereiten, sondern im Hinblick auf erforderliche technische Eingriffe, auf die Bewältigung des Verkehrs, ja auf die dominierende Entfaltung überhaupt. Rückblickend darf man feststellen, dass die sich anfänglich auftürmenden Probleme dank der Aufgeschlossenheit der zuständigen Ämter gelöst wurden und der Stadt kein Schaden aus der Landi erwuchs, wohl aber ein unmessbarer Gewinn an Geltung, an Ansehen, an Einfluss, ganz abgesehen vom grossartigen Geschenk, das Zürich allen Miteidgenossen darbot.

Die naturgegebene Verteilung auf die beiden Seeufer war durch den Aufbau der Landi vorgezeichnet. Auf dem rechten Ufer, in Riesbach, war die mit der Landi verbundene Landwirtschaftliche Ausstellung angesiedelt. Die Homogenität des Ausstellungsgutes gab ihr die willkommene Geschlossenheit. Aufgelockert und mit Magnetwirkung ausgestattet war sie durch das Dörfli, architektonisch eine Art Gegenstück zum Höhenweg auf dem linken Seeufer, der dem Hauptteil der Schau den baulichen und ideellen Zusammenhang gab. Das Dörfli war auf dem rechten Ufer der Brennpunkt; es stellte im Massstab 1:1 eine ostschweizerische Dorfsiedlung mit den vertrauten Riegelhäusern dar. Es ergab sich von selbst, dass diese dörflichen Liegenschaften nicht nur mit Vieh bestückte Ställe umfassten, sondern auch Gaststuben aus allen Gegenden unseres Landes, wo Speis und Trank nach Regionen ausgerichtet waren, so dass eine Schweiz im Kleinen entstand als eine der grossen Attraktionen der Landi. Ihr Verschwinden nach Ende der Landi war vor allem für die Bewohner Zürichs ein schmerzlicher Verlust. Nur die ursprünglich kunstvoll strohbedeckte *Fischerstube* am Zürichhorn zeugt von verschwundener Pracht. Auf dem rechten Ufer stand auch die Festhalle, zunächst für Viehschauen bestimmt, dann aber der Platz, wo das «Eidgenössische Wettspiel», das offizielle Festspiel der Landi, nach einer Anlaufzeit Abend für Abend vor ausverkauften Rängen aufgeführt wurde. Der Autor, mein NZZ-Kollege Edwin Arnet, zählte zu den Männern der ersten Stunde, die schon für die Landi gekämpft hatten, als sie noch fern davon war, reale Gestalt anzunehmen.

Leicht zu lösen war die *Verbindung* zwischen den beiden Teilen der Landi. In wenigen Minuten überquerten Motorschiffe die Seefläche. Die Schwebebahn bot zwar ihren Benützern einen packenden Ausblick auf das Ausstellungsgelände, war aber vor allem selber ein Ausstellungsstück. Seither haben Luftseilbahnen allenthalben die Hänge unserer Berge erobert. Wie rasch die Zeit schreitet, lässt sich am Fernsehen ablesen, das als Demonstrationsobjekt in einem kleinen Raum gezeigt wurde; der Standort des Landisenders befand sich auf der Waid!

Einer Attraktion besonderer Art muss hier noch gedacht werden: Der *Schifflibach,* der sich durch Gärten und Hallen der linksufrigen Ausstellung schlängelte und bei gross und klein viel zur Popularität der Landi beitrug. Durch Ausnützung oder, wo nötig, Schaffung eines kleinen Gefälles wurden die Boote fortbewegt, eine «Geisterbahn» ohne Geister, aber mit viel Geist. Nur gestreift seien die Darbietungen sportlicher und kultureller Natur. Ich entsinne mich vor allem an das Mundartstück von Albert Welti «*Steibruch*» mit bekannten inländischen Schauspielern und Kabarettisten im Ausstellungstheater. Für mich war dies eines der unzähligen Beispiele, dass Dinge, die sich am Rande und ohne grossen Propagandaaufwand abspielten, Wirkung weit über Zeit und Ort ausübten. Im zeitlichen Ablauf trugen diese Programmteile viel zum pulsierenden Leben der Landi bei. Erwähnt sei auch das *Modetheater,* das mehr war als eine Modeschau. Gerade aus diesen Bereichen strahlten manche Impulse in das kulturelle Leben der Stadt aus.

Wie von der Landi nachhaltige Anregungen auf das Leben der Stadt Zürich ausgingen, zeigte sich richtig erst nach ihrem Abschluss. Sprechende Beispiele hierfür sind wohl die Wahl von Landidirektor Armin Meili in den Nationalrat am Schlusstag der Landi selbst und die Berufung von Hans Hofmann an die Architekturabteilung der ETH. Der Wunsch, auch bauliche Zeugen zu verewigen, scheiterte allerdings schon an den Örtlichkeiten, abgesehen davon, dass dies weder in der Zielsetzung noch im Sinne der Landi lag. Wie lange jedoch der Höhenweg und seine Aussagen ins Zentrum der Gegenwart einschlugen, offenbarten die Weltereignisse, die mit der Entfesselung des Zweiten Weltkrieges im September des Ausstellungsjahres dem friedlichen Treiben in der Landi ein jähes Ende setzten. Wie manche von den vielen Tausenden von Soldaten, die den Mobilmachungsbefehl erhielten, sahen unwillkürlich den Mann vor sich, der (von Hans Brandenberger gestaltet) in der Halle «Wehrbereitschaft» mit entschlossener Geste den Waffenrock über seine Schultern warf. Die drei Kreuze: christliches Symbol, Schweizer Fahne, Rotkreuzfahne, wurden plötzlich zu herausfordernden Signalen.

Aussage und Inhalt der Landi waren quasi über Nacht zur Wirklichkeit geworden. Jetzt erst zeigte sich, wie stark ihr Erbe vom Schweizervolk Besitz ergriffen hatte. Was viele vorausgesehen hatten: Die Landi und vorab ihr Höhenweg hatten existentielle Bedeutung angenommen. So lebt sie im Bewusstsein unzähliger Zeitgenossen weiter.

Von der überreichen Palette der Landi sind hier, ergänzt durch persönliche Reminiszenzen, einige charakteristische «Tupfer» nach fünfzig Jahren wiedergegeben worden. Der Landesausstellung Zürich 1939 folgte 1964 die Expo in Lausanne. Mit einer Fortführung im Jubiläumsjahr der Eidgenossenschaft 1991 haben sich die als Standort vorgesehenen Innerschweizer Kantone schwer getan. Es bleibt bei Erinnerungsfeiern an die Bundesgründung 1291; eine «Landi» soll später im Tessin stattfinden. Das Bilderbuch der Schweiz, das sich mir als staunendem Buben 1914 in Bern geöffnet hatte und das durch den Kriegsausbruch in ungeahnte Dimensionen ausgeweitet worden war, hatte 1939 eine gewaltige Neuauflage erfahren, wiederum mit einer Kriegsmobilmachung als zeitlichem Kulminationspunkt. Bald darauf wurde es zugeklappt, und ein neues Szenario tat sich auf: Das Tor zur Welt in Zürich Kloten. Der Blick nach innen, der so wohltätig gewirkt hatte, ist durch das globale Panorama nicht ersetzt. Dieser aber stellt eine neue grosse Aufgabe, die bewältigt werden muss.

Hinterher

Von Hanno Helbling

Im Nachlass eines Zürcher Mediziners fand sich eine Broschüre, deren Umschlag brutale Feindseligkeit ausströmte. Holzschnittkrieger in langen Mänteln, Stahlhelme auf den eckigen Köpfen, standen aneinandergedrängt, schwarz auf weiss. Der Titel, in schwerer Fraktur gehalten, lautete: *Volk in Waffen*. Wir wussten, dass der Mediziner – übrigens Korpsarzt und Präsident der Eidgenössischen Kriegsernährungskommission – in den zwanziger Jahren schon wachsamen Sinnes begonnen hatte, Propagandaschriften der Nationalsozialistischen Deutschen Arbeiterpartei zu sammeln; und dass er bis in den Krieg hinein – bei nachlassender Beunruhigung – Zeitungsartikel aufbewahrt hatte, die von Triumphen des Dritten Reiches, vom Untergang seiner Gegner kündeten. *Volk in Waffen*, wir erkannten auf den ersten Blick: auch so ein Greuelprodukt.

Im Jargon der Zeit

Der zweite Blick auf die Broschüre lehrte uns aber, dass sie nicht Deutschlands drohende Stärke, sondern den *Schweizer Wehrwillen* pries. Dies allerdings *in der Sprache der Zeit*, mit den graphischen Mitteln der Zeit. Denn wir teilten das Zeichensystem unserer Kommunikation auch mit denen, die wir hassen und fürchten. Und das stört uns fürs erste kein bisschen: Wir achten ja nur darauf, *was* wir und *was* sie sagen; es ist verschieden genug.

Hinterher fällt auf, *wie* geredet wurde; pathetisch zum

Beispiel, oder sentimental, oder man findet sonst ein Charakteristikum. Da verbindet der *Zeitstil* überraschend sehr weit Auseinanderliegendes. Männer des Widerstands gegen Hitler haben nicht Dinge gesagt, die Goebbels auch hätte sagen können, aber sie haben sie ungefähr so gesagt, wie auch Goebbels sie (wäre ihm danach zumute gewesen) gesagt hätte. Es gibt nicht für jede Meinung besondere rhetorische Mittel; auch kann die Rhetorik dessen, dem wir widersprechen, unsere eigene Rhetorik beeinflussen; doch es bedarf dieser zusätzlichen Annäherung nicht, damit Todfeinde sich in gemeinsamer Idiomatik, im Zeitstil eben, bekämpfen. Rhetorik arbeitet nicht nur mit Worten, sondern mit Werten. Man sagt *gesund;* man ruft damit eine glückliche und allerdings auch eine mehrdeutige Eigenschaft auf. Gesund und nicht krank – wer wollte dawider sein? Gesund und nicht ungesund, da wird es schon schwieriger. Vor einem ungesunden Klima lassen wir uns gern warnen. Dass unsere Neugier, dass unsere Zweifel ungesund seien, davon müsste man uns zuerst überzeugen. Nach einem kranken Volk verlangt es uns nicht – aber glauben wir an gesundes Volksempfinden? Das *gesunde Volksempfinden* (Goebbels) ist nach 1945 in das «Wörterbuch des Unmenschen» eingegangen als demagogischer Begriff, über den der Reichspropagandaminister an eine Instanz appelliert hatte, die alles verurteilte, was er selber für *ungesund,* für *entartet* befand. Ist aber der Schweizerischen Landesausstellung von 1939 – ist unserer *geistigen Landesverteidigung* der *Appell an gesundes Volksempfinden ganz fremd* gewesen?

«Vor Ausbruch des Zweiten Weltkrieges: in Zürich am See die Schweizerische Landesausstellung. Viele Fahnen und Trachten. Viel Hübsches, viel Behagliches (Heimat-Stil) in Attrappen trauter Dörflichkeit. Was dem Nationalsozialismus entgegenzuhalten war: unser Brauchtum, die schönen, alten Masken aus dem Wallis, die alten Schlitten aus Graubünden, die schönen Riegelbauten, die ehrwürdige Landsgemeinde in Trogen oder Glarus, die frohen Fahnenschwinger, die frohen Jodler, die kräftigen Hornusser im Emmental. Es gab Skulpturen und Malerei von Schweizern; keine Entartete Kunst. Die Architektur niedlich; das war unser Trotz gegen den barbarischen Monumentalismus des Dritten Reichs. Niedlich; keine Fortsetzung von Bauhaus, keine Spur von Corbusier. Eine unberührte Schweiz, daher gesund wie ihre Kühe. Es ging darum, das nationale Selbstvertrauen zu festigen. [...] Selbstvertrauen aus Folklore. Was mir damals nicht auffiel: der *dezente Geruch von Blut und Boden – helvetisch.*»

So hat *Max Frisch* im *Dienstbüchlein* (1973) formuliert, was nachträglich viele empfanden, und als nachträglich kennzeichnet er selbst das Empfundene. «Was mir damals nicht auffiel...» Es war deshalb nicht aufgefallen, weil 1939 der Gegensatz, nicht nur zum Monumentalismus des Hitler-Regimes, sondern zu sämtlichen Ausdrucksformen seiner ideologisch-politischen Militanz (einschliesslich *Blubo*) den Verdacht einer auch nur entfernt verwandten Gesinnung *nicht* aufkommen liess. «Wir sahen uns dargestellt, und zwar in einem Zeitpunkt, wo es sehr wichtig war, dass wir uns nicht mit unseren Nachbarn verwechselten. [...] Es wurde einer Sache, die in Frage stand, Ausdruck verliehen, und zwar so, dass man mit Freude bereit war, sich dafür einzusetzen. [...] Die Landesausstellung

von 1939 [...] gab einer Nation, die über sich selber nicht mehr Bescheid wusste, den *Spiegel,* in welchem sie sich – dankbar – als Nation erkennen konnte.»
Auch diese Reflexionsstufe finden wir bei Max Frisch in der 1954 erschienenen Schrift *achtung: Die Schweiz.* Seine Äusserungen widersprechen sich nicht, sie ergänzen sich. Einerseits war ja nach fünfzehn Jahren die Erinnerung an die *abgrenzend-einigende Funktion* der Landesausstellung noch lebendig – an ihre «patriotische Sprache, die heute noch (wo sie in wesentlichen Punkten nicht mehr stimmt) den Wortschatz des Schweizers ausmacht». So aber hatte nun, andererseits, ihre *Sprache* (im weitesten Sinn, ihr Zeichensystem) zu *datieren* begonnen, und was hiess das anderes, als dass sich ein Zustand erneuern konnte, wie er vor 1939 sich manifestiert hatte – als die Nation «über sich selber nicht mehr Bescheid wusste». War damals «die offizielle Schweiz [...] in ihrer Selbstbesinnung immer noch eine vergangene, historisierte Schweiz» gewesen, so schien sie nun im Begriff, es wieder zu werden; Landi und Rütlirapport übernahmen, idyllisch-heroisch, das *Fähnlein der sieben Aufrechten.*

Inzwischen hatte sich auch an der einst so bedrohlichen – und durch Bedrohung das Nationalgefühl stärkenden – Gegenseite ein begriffsgeschichtlicher Wandel vollzogen. In Resolutionen – zuerst – von kommunistisch beeinflussten internationalen Kongressen wurde von den Wörtern *Faschismus* und *faschistisch* ein seither weitverbreiteter Gebrauch gemacht. Von der *Bewegung,* die durch Mussolini in Italien zur Macht gelangt war, dehnte man ihre Zuständigkeit auf den Nationalsozialismus in Deutschland, auf Salazars autoritäre Regierung in Portugal, auf die Falange in Spanien, auf Militär- und andere Diktaturen in Lateinamerika aus: auf alle totalitären Regimes mit Ausnahme der kommunistischen. Von diesem erweiterten Faschismusbegriff haben später Historiker profitiert, denen an einer Einordnung des Hitler-Reichs in ein allgemeineres Zeitphänomen gelegen war. Zunächst aber weckte er eine Gesamtvorstellung von nationalistischer, militaristischer und auch kapitalistischer Politik, die in Europa während einiger Zeit dominiert hatte und deren Gefahren noch nicht gebannt schienen. Von diesem Pauschalgebilde hob sich das *Volk in Waffen* nicht mehr so deutlich ab, wie es die Schweiz von 1939 verdiente.

Historischer Sinn der Landibotschaft

Der überzeugungsvolle Ton der *Geistigen Landesverteidigung,* die man nun ohne jeden Respekt mit *Gelaver* abkürzte, geriet daher nicht nur stilistisch, sondern auch ideologisch in *Misskredit,* und der «dezente Geruch von Blut und Boden» blieb an der Landesausstellung hängen. Die Gestalter der *Expo* in Lausanne (1964) trugen diesem Gesinnungs- und Stilwandel sorgfältig Rechnung. Sie hüteten sich vor patriotischem Überschwang, vor Erbaulichkeit; die nationale Selbstbetrachtung rückten sie unter das Zeichen eines bescheidenen und gerechten Urteils über den Beitrag der Schweiz zum grösseren Ganzen – der Weltwirtschaft, der modernen Technik und Forschung, der europäischen und übereuropäischen Kultur. Das Besondere, das Einzigartige und Eigenständige, worauf es 1939 aus so guten Gründen angekommen war, hoben sie nicht hervor. Die Vergangenheit wurde entheroisiert, die Legende vom historisch Beglaubigten scharf geschieden: zwar für *höher* erklärt, aber als Thema von Kinderzeichnungen präsentiert. Und nicht das agrarische Beharrungsvermögen, sondern der Aufbruch ins Computerzeitalter wurde, in damals noch kaum gebrochener Fortschrittsstimmung, den Besuchern vor Augen geführt.

Die nüchterne, kühle Behandlung der Materie Schweiz verstand man zu jener Zeit, die für höhere Temperaturen des Nationalgefühls keine Verwendung hatte. Insofern sie jedoch eine Distanzierung von Stil und Botschaft der Landi mit einschloss, wurde sie auch bedauert – nicht weil man sich mit dem Stil (dem *Heimat-Stil*) von 1939 identifizierte, sondern weil man den Sinn jener Botschaft *historisch* ernst nahm. Wer sich erinnerte – und es erinnerten sich noch viele –, der *unterschied:* zwischen zeitbedingter Bildsprache und *staatspolitischer Grundfunktion* des Patriotismus.

Auf die doppelte Entfernung, nach fünfzig Jahren, da nun die Mehrheit sich nicht mehr direkt erinnert, ist zwar die geschichtliche Notwendigkeit der Landesausstellung, ihrer defensiven und affirmativen Aussage, immer noch leicht zu erkennen. Trotzdem fällt einer Generation, die den Überblick über heile Völker, gesunde Gesellschaften, ideale Staaten allmählich gewonnen – die auch Mangel und Not nur im Medium wogender Felder und blühender Kindergesichter entdeckt hat, der Umgang mit nationaler Propaganda jetzt schwer. Dass eines Tages das Heroische – doch in welcher Form? – *wieder aktuell* werden könnte, lässt sich wohl denken; aber wer wird das Idyll noch beschwören. Wir sind zu den *Quellen des Selbstvertrauens*, die 1939 so reichlich flossen, erst wieder unterwegs.

Nähe und Distanz – eine Art Nachwort

Von Kenneth Angst

Welche Gefühle und Stimmungen haben die Menschen «damals an der Landi» bewegt? Wie wurde die Landi in der Zeit selbst wahrgenommen und bewertet? Was hat die Landi gewollt und was hat sie bewirkt? Welches ist rückblickend der historische Sinn der Landi, ihre geschichtliche Leistung, ihr bleibendes Vermächtnis?
Mit solchen und andern Fragen haben sich aus Anlass des 50-Jahr-Jubiläums der Landesausstellung 1939 in Zürich die insgesamt 26 Autoren dieses Buches auseinandergesetzt. Ihr Engagement, ihre ebenso sachkundigen wie einfühlsamen Beiträge seien an dieser Stelle in aller Form verdankt. Die hier versammelten Texte und Dokumente sind Ausdruck des Bestrebens, Nähe und Distanz zugleich walten zu lassen, das Phänomen Landi nicht nur in der Perspektive zeitgenössischer Betroffenheit und persönlicher Erinnerung anzugehen, sondern auch im wissenden Verständnis um die damalige Schweiz, um den epochalen Kontext jener Zeit zu durchleuchten und zu würdigen.
Warum überhaupt? Die Landi hat sich mit über zehn Millionen Besuchern zu einer nationalen Wallfahrts- und Begegnungsstätte der besonderen Art entwickelt. Sie hat zu einer auch geistig-moralischen Aufrüstung und Panzerung unseres Landes in der Stunde der Bewährung massgeblich beigetragen. Im demonstrativen Bekenntnis zur Einheit in der Vielfalt hat sich gleichsam die helvetische Antwort auf die Lockungen und Gefährdungen totalitärer Gleichschaltung konsensfähig auskristallisiert.
Instinktsicher wurde der kollektive Seelenzustand der damaligen Schweiz zum Ausdruck gebracht. Und als ein symbol- und mythenträchtiges Integrationserlebnis von seltener Strahlungskraft hat die Landi schliesslich das nationale Selbstverständnis einer ganzen Generation entscheidend zu prägen vermocht. Gründe genug also, das Ereignis ein halbes Jahrhundert später noch einmal Revue passieren zu lassen und neu zu reflektieren – um so auch für die Nachgeborenen eine teils authentische, teils «geläuterte» Erinnerung daran zu bewahren.
Die Annäherung an das facettenreiche Phänomen wurde in dieser Publikation grundsätzlich auf zwei verschiedenen Ebenen gesucht. Zum einen basieren die Beiträge auf der bewussten Erinnerung und auf persönlichen Impressionen aktiver Mitarbeiter und Zeitgenossen der Landi. Sie stehen stellvertretend für jene vielen, denen die Landi das bleibende Ausstellungserlebnis ihres Lebens überhaupt vermittelt hat. Diesen Autoren aus der Landigeneration selbst gebührt das Verdienst, uns Gefühle und Stimmungen, Ängste und Hoffnungen von Menschen näherzubringen, die im Schatten des Zweiten Weltkrieges die Landi besuchten und daraus Mut und Zuversicht, einen geschärften Sinn für das Eigene und gegen alles Fremde geschöpft haben. Wir erfahren vom konkreten Zusammenhang zwischen der Ausstellung und ihrer Wirkung auf die Einstellung des Volkes. Wir nehmen auch Kenntnis vom schon früh entwickelten Willen der Ausstellungsverantwortlichen, die Landi nicht

bloss als Leistungs- und Produkteschau, sondern ebensosehr als «Kundgebung für unser freiheitliches Staatsbewusstsein» zu programmieren, die «Flamme der Liebe zu Volk und Heimat in alle Gaue schweizerischer Eidgenossenschaft» hinauszutragen – und damit zur «Flucht» in einen tatbereiten Patriotismus zu motivieren.

«In einer arglistigen Zeit will ich das schläfrige Schweizervolk wecken», gab etwa der zum Direktor der Landi berufene Armin Meili schon im April 1936 zu Protokoll. Doch nicht nur von den staatspolitischen Lektionen, von den nach innen einigenden und gegen aussen abgrenzenden Wirkungen der Landi legen die zeitgenössischen Autorenbeiträge ein beredtes Zeugnis ab, sondern auch von der für damalige Verhältnisse beeindruckenden Fülle des Dargebotenen. Nachhaltige Spuren hat die Landi denn auch hinterlassen als versöhnende Synthese zwischen der traditionellen und der modernen Schweiz, als vertrauensbildende Manifestation technischer Leistungsfähigkeit, aber auch als pulsierender Schauplatz kollektiver Gemütlichkeit und als Geburtsstätte zahlreicher Freundschaften.

Vieles vom damaligen Pathos, von der damaligen Gefühls- und Stimmungslage erscheint heute fremd und unwirklich, für eine in Frieden und Wohlstand aufgewachsene Nachkriegsgeneration nur noch schwer nachvollziehbar. In diesem Hohlraum hat da und dort ein Verständnis Fuss gefasst, das die Landi und ihren «Geist» etwas gar vorschnell in den Dunstkreis einer rückwärtsgewandten, ja selber totalitarismusverwandten Heimat-, Blut- und Bodenideologie verbannt und nur noch als repressiven Akt nationaler Selbstbeweihräucherung gelten lassen will. Doch weder die Glorifizierung noch die Dämonisierung werden dem Sinn und der Bedeutung der Landi historisch gerecht. Weiter hilft hier nur eine angemessene Würdigung der konkreten Zeitumstände, des innen- und aussenpolitischen Umfeldes, in das die Landi eingebettet war und aus dem heraus ihre Mission, ihre Wirkung und auch ihre geschichtliche Notwendigkeit erst verständlich werden.

Genau dies leisten die historisch ausgerichteten Beiträge im dritten Teil des Buches. In differenzierenden Analysen wird Licht geworfen auf die konkrete Bedrohungslage, aber auch auf die Prozesse sozialer Verständigung, in denen die Grundlagen der wirtschaftlichen und politischen Konkordanz herangewachsen sind. Erst im Soge solcher Entwicklungen hat sich dann jener Basis- und Wertekonsens herauskristallisiert, der schliesslich den Weg für eine gemeinsame nationale Identität mit Kulminationspunkt im «Landigeist» frei machte. Darüber hinaus machen die Beiträge auch aufmerksam auf den tieferen Sinn jener scheinbar so ausschliesslich rückwärtsgewandten Geschichtsorientierung.

Es wird etwa deutlich gemacht, wie wichtig das gerade auch an der Landi selbst so exzessiv zelebrierte Bekenntnis zur Vergangenheit und zur bäuerlichen Kultur für den Willen zur aktuellen Selbstbehauptung war – auch mit Blick auf eine kulturelle Kompensation der durch die Moderne hereinbrechenden Unrast. Auch in dieser Perspektive erscheint dann die Landi als ein überaus geglückter Versuch, Tradition und Fortschritt zu versöhnen und damit das innere Gleichgewicht einer Schweiz im Umbruch zu stabilisieren.

Alles in allem erschliessen die Beiträge dieses Buches ein überaus vielseitiges Verständnis für die Landi im Kontext der damaligen Schweiz. Und es bleibt wohl wahr, dass die Vorstellung schwerfällt, wie eine überzeugendere Ausstellung als die Landi damals hätte aussehen sollen. Wahr bleibt allerdings auch, dass die Landi und ihre Botschaften so nicht wiederholbar sind. Mit Recht hat ein Autor hierzu festgehalten, dass zwar die Landi mit guten Gründen die Welt aus der Schweizerperspektive gesehen hat, dass aber die Zukunft wohl eher die umgekehrte Aufgabe vorgibt, nämlich unser Land aus der Weltperspektive zu sehen und also die nationale Identität neu und anders zu definieren.

Literatur zur Landi

Hensel, Benjamin Die Ausstellungsarchitektur der Landesausstellung von Bern 1914 und Zürich 1939. Die architektonischen Erscheinungsbilder als Folge von Ausstellungsorganisation und Ausstellungsprinzip. Diss. Zürich/St. Gallen, 1983.

Meier, Isabelle Die «Landi». Zur Rekonstruktion des Nationalismus an der SLA 1939. Lizentiatsarbeit Uni Zürich, 1986.

Möckli, Werner Das schweizerische Selbstverständnis beim Ausbruch des Zweiten Weltkrieges. Diss. Zürich, 1973.

Wegelin, Peter Die Schweiz sieht sich im Spiegel. Fünf Landesausstellungen seit 1883, in: Rorschacher Neujahrsblatt. Rorschach, 1984.

Autoren

URS ALTERMATT. Professor für Schweizer Geschichte in Verbindung mit Zeitgeschichte an der Universität Freiburg.

KENNETH ANGST. Inlandredaktor der Neuen Zürcher Zeitung.

ELSIE ATTENHOFER. Zahlreiche Auftritte mit dem Cabaret Cornichon an der Landi. Kabarettistin, Schauspielerin und Autorin, u.a. des Schauspiels *Wer wirft den ersten Stein?* (1943).

HANS BRANDENBERGER. Bildhauer, Schöpfer der Grossplastik *Wehrbereitschaft* an der Landi.

ALFRED CATTANI. Dr. phil., stellvertretender Chefredaktor der Neuen Zürcher Zeitung.

GEORGES-ANDRÉ CHEVALLAZ. Dr. phil., Stadtpräsident von Lausanne (1958–73), Vizepräsident der Expo 64, Bundesrat (1974–83). Autor von historischen Publikationen.

EMIL EGLI. Dr. phil., ehemal. Gymnasiallehrer für Geographie, Lehrbeauftragter an der Universität und an der ETH Zürich. Verfasser zahlreicher Bücher über Geographie.

HANS ERNI. Maler und Grafiker. Schuf für die Landi das monumentale Wandbild *Die Schweiz, das Ferienland der Völker.*

HANS FISCHLI. Architekt BSA, Kunstmaler und Bildhauer. War an der Landi Adjunkt des Chefarchitekten Hans Hofmann. Mitinitiant und Erbauer des Pestalozzi-Kinderdorfes in Trogen. Langjähriger Direktor der Zürcher Kunstgewerbeschule.

TRUDI GERSTER. Märchenfee im Kinderparadies der Landi. Schauspielerin, Märchenerzählerin und Autorin zahlreicher Kinderbücher und Kassetten. Basler Grossrätin (1968–80).

PETER GILG. Bis 1987 Mitleiter des Forschungszentrums für schweizerische Politik an der Universität Bern. Emeritierter Honorarprofessor für Neuere Schweizer Geschichte und Zeitgeschichte.

JOSEF GISLER. Student der Geschichte und der italienischen Literatur an der Universität Zürich, Verfasser einer Seminararbeit über die Landi (Wintersemester 87/88).

ALBERT HAUSER. Emeritierter Professor für Geschichte und Soziologie der Land- und Forstwirtschaft an der ETH Zürich. Verfasser zahlreicher Bücher, u.a. *Was für ein Leben. Schweizer Alltag vom 15. bis 18. Jahrhundert.*

HANNO HELBLING. Dr. phil., Feuilleton-Chef der Neuen Zürcher Zeitung.

GEORG KREIS. Professor für Neuere allgemeine Geschichte und Schweizer Geschichte an der Universität Basel; Leiter des Nationalen Forschungsprogramms 21 *Kulturelle Vielfalt und Nationale Identität.* Verfasser zahlreicher Publikationen zur Schweizer Zeitgeschichte.

EMIL LANDOLT. Dr. iur., Zürcher Stadtrat (1942–49), Stadtpräsident (Stapi) von Zürich (1949–66).

ISABELLE MEIER. Historikerin und freie Journalistin. Lizenziatsarbeit über die Landi, Zürich 1986.

ARMIN MEILI. Architekt ETH. Direktor der Landi. Nationalrat (1939–55). Langjähriger Präsident der Schweiz. Verkehrszentrale. Verstorben 1981.

KASIMIR NUSSBAUMER. Spengler. Seit 1931 aktives Mitglied der Sozialdemokratischen Partei der Schweiz und seit 1929 des SMUV.

EDMUND RICHNER. Dr. oec., Redaktor der Neuen Zürcher Zeitung (1927–67), Präsident des Pressekomitees und Mitglied des Organisationskomitees der Landi; Zürcher Gemeinderat (1928–47), Zürcher Kantonsrat (1947–71).

HANS-RUDOLF SCHMID. Dr. phil., Pressechef der Landi, Journalist, Redaktor und Schriftsteller.

BARBARA SCHNYDER-SEIDEL. Direktionssekretärin/Protokollführerin des Arbeitsausschusses und Organisationskomitees der Landi. Journalistin und Schriftstellerin (seit 1978 Autorin verschiedener Publikationen zum Thema *Goethe in der Schweiz*).

HANS SCHUMACHER. Dr. phil., Schriftsteller. Romane. Lyrik, kritische Schriften, u.a. *Rost und Grünspan*, Erinnerungen an den Aktivdienst. Literaturpreis der Stadt Zürich (1982).

PETER STADLER. Professor für allgemeine und Schweizer Geschichte der Neuen und Neuesten Zeit an der Universität Zürich. Verfasser zahlreicher Publikationen, zuletzt einer umfangreichen Pestalozzi-Biographie.

GEORG THÜRER. Verfasser der historischen Texte zum Geschichtsfresko von Otto Baumberger an der Landi. Pens. Kantonsschullehrer, Professor für deutsche Sprache und Literatur sowie für Schweizer Geschichte an der Hochschule St. Gallen (1940–78). Autor zahlreicher Helvetica.

PETER WEGELIN. Prof. Dr. phil., Leiter der Kantonsbibliothek Vadiana St. Gallen, Lehraufträge für Geschichte an der Hochschule St. Gallen, Kantonsrat Appenzell AR. Diverse Aufsätze zur St. Galler und Schweizer Geschichte der Neuesten Zeit.

SIGMUND WIDMER. Dr. phil., Zürcher Stadtrat (1954–66), Stadtpräsident von Zürich (1966–82), Verfasser mehrerer Bücher zur Zürcher und Schweizer Geschichte.

Quellennachweis

Bilder. Die Schweiz im Spiegel der Landesausstellung 1939, Atlantis-Verlag Zürich; Eines Volkes Sein und Schaffen, Herausgeber: Gottlieb Duttweiler; Das Goldene Buch der LA 1939/Die sportliche LA/Festliche Landi/Die Landwirtschaft an der LA: alle Verkehrsverlag AG Zürich; Heimat und Volk, Verlag Fretz & Wasmuth Zürich; E. A. Heiniger, Das Fotobuch der LA, Orell-Füssli-Verlag Zürich; R. Naef, Landi, Ringier-Verlag 1979 (alle oben erwähnten Bücher sind vergriffen).
ATP, Hans Baumberger, Hans Baumgartner, Beringer, Theo Frey, Gabarell, NZZ-Archiv, Photopress, Ringier-Bildarchiv, Schweizer Heimatwerk, Gotthard Schuh, Hans Staub, Michael Wolgensinger, LA-Sondernummern der Zürcher Illustrierten, Conzett und Huber; Landi-Archiv Rothenhäusler Verlag Stäfa.

Zeitgenössische Texte. LA-Sondernummern der Zürcher Illustrierten (Hanna Willi, nachmalige Redaktorin der Zeitschrift «Wir Brückenbauer», war eine eifrige Vorkämpferin des Frauenstimmrechts); Schlussbericht der Schweizerischen Landesausstellung, 1939, E. J. Graf, 1940.